棲身
之處

性別・身體・文化

凝視與召喚

國家發展研究學會　主編

棲身
之源

棲身
途徑

巨流圖書公司印行

國家圖書館出版品預行編目(CIP)資料

性別.身體.文化：凝視與召喚 / 國家發展
研究學會主編. -- 初版. --高雄市：
　　巨流, 2016. 09
　　面；　公分
　　ISBN 978-957-732-527-3(平裝)

1.性別教育　2.文化研究　2.文集

544.707　　　　　　　　　105015425

性別‧身體‧文化
凝視與召喚

主　　　編	國家發展研究學會
責任編輯	李佩珊
封面設計	薛東榮
發行人	楊曉華
總編輯	蔡國彬

出　　　版　巨流圖書股份有限公司

80252 高雄市苓雅區五福一路57號2樓之2

電話：07-2265267

傳真：07-2233073

e-mail: chuliu@liwen.com.tw

網址：http://www.liwen.com.tw

編 輯 部　23445 新北市永和區秀朗路一段41號

電話：02-29229075

傳真：02-29220464

郵撥帳號　01002323 巨流圖書股份有限公司

法 律 顧 問　林廷隆律師

電話：(02)29658212

出版登記證　局版台業字第1045號

ISBN 978-957-732-527-3（平裝）
初版一刷‧2016年9月

定價：280元

擬後現代的原初狀態

「後現代」（Postmodern）不僅是「現代」（Modern）之後，也隱含著「原初狀態」：不被成規所制約；不循理性常態之思維，卻直指本然的真如，不戴上莊嚴或虛假的面具。

這本書《性別‧身體‧文化：凝視與召喚》所收錄的 10 篇論文中，看似多元、差異且分延，卻充分表現「原初狀態」的恣意奔放；保有赤子之心的純真關懷。它們探討「同性婚姻」、「同志消費」、「情慾殖民」、「跨性別書寫」、「老兵之離散記憶與情慾」、「原住民文化創意」……等「非主流社會」所關懷的議題。更重要的是，它去中心、去結構、反主流、反主體性，有如希臘神話中的「酒神」戴奧尼索斯（Dionysos）的恣意狂歡，卻又展現神祕的氣氛。祛除虛假、協調、融貫的表象，直指人心深處的情慾與荒謬。

全書將「性別、身體、文化」晦澀、隱喻置於嚴肅的「學術」討論中，既呈現社會中的某些斷裂分解，又關懷長期被壓抑、被漠視、或被視為「禁忌」的議題。藉用許多聳動的語彙，描述解析社會本質的存在。例如：以「情

慾殖民與國族認同」去探析台北市「波多野結衣悠遊卡事件」；以性別轉換的經驗去論述「跨性別書寫」；用「十七號出入口」去隱喻老兵年少時（17歲），在十七號碼頭的生離死別；乃至亂世暮年所追憶的青春戀情（或是超過半個世紀以上的同性戀情），卻也「正經八百」地去談道教（孫不二）的身體性命觀、原住民文化創意；甚至「補教業」的現象……，這些恣意奔放的議題或意識，正與「後現代的原初狀態」相仿彿。

　　本書中的多位作者為我熟識的年輕學者，能關懷這些多元議題，又提出社會學、人類學乃至文化上的分析探索，非常值得敬佩。主其事者徵余為序，謹於付梓前夕，略誌數語，暢言所感，是為之序。

社政系教授 **劉阿榮**

謹誌於元智大學

作者序

　　「身體」作為與環境互動的棲身之處（場域）、棲身之源（源頭）與棲身的途徑（媒介），其重要性在於它是銘刻社會結構的場所、建構社會的手段，和連結個體與社會的管道，換言之，「身體」是我思故我在的起點和終點、連接社會文化的耦合點，吾「身」即成社會，無「身」不成社會。

　　我們非常「慣習」擁有和使用自己的身體，卻也容易以「遮蔽」身體之後的「我」去經驗和理解世界，這種「自動遮蔽」的「身體化」人類本質，猶如柏拉圖的「洞穴之喻」（人類所認識的世界，好比住在洞穴裡的人，背向洞口，面向洞壁，只看見影子而看不見投射影子的實物），讓我們失去了「以身體為本」的覺醒觀察和建構現實世界其他面向的可能性。

　　西方對於「身體」的研究可上溯自希臘哲學時期，逐漸隱沒後，才又在1980 年代後重新回到學術研究典範中，主要以社會學為主，並在後現代的影響下，向政治／藝術／電影／媒體／文化／醫學人類學……等諸多學科領域各自蔓延與縫合，呈現一種跨文化、去中心典範、差異而延異的多元風貌。主要繼受歐美學術思想的台灣學界，近十餘年也逐漸有研究社群甚至專業研

究所（例如性別研究所）從事相關研究。

　　從學術研究到課程，近十餘年來各大專校院紛紛開設關於身體與性別課程，除了翻譯西方學術書籍作為教科書之外，也用在地學者的本土經驗研究作為輔助教材，但仍需要更多專業知識普及化的閱讀理解資料以做為教學和研究推廣之用，是以本書以「性別・身體・文化」為主題，尤其希望看到其中二者或三者之間的共伴影響——一種從觀看他者中凝視自己，從文化中召喚性別和身體的學術研究。

　　本書得以付梓，需感謝科技部予以部分計畫經費補助（計畫編號：NSC 104-2741-G-819-001），全書論文均經由雙向匿名審查通過，再經原作者修改後集結編印。作者群感謝巨流圖書編輯團隊之餘，並囑咐末學代為撰寫序文，向各方申致謝忱。

閔宇經 代表作者群
謹識於中壢

CONTENTS

CONTENTS

當我們「同」在一起？：
台灣同性婚姻的爭議與挑戰[*]

陳宜亨[**]、陳偉杰[***]

* 本文部分刊登於《衡平天下》，2015.08，總第 8 期，頁 17-32。

** 陳宜亨，健行科技大學通識教育中心兼任助理教授。

***陳偉杰，開南大學通識教育中心助理教授兼兩岸人才培育中心主任。

摘要

　　2015 年美國聯邦最高法院在 *Obergefell* 案的判決，使同性婚姻合法的效力及於全美各州，同性戀者權益往平權邁進一大步。反觀台灣，即使性別平等的觀念已經扎根許久，但檢視在同性戀者權益，特別對於「多元性別」相關態度與行為上卻有著在光譜兩端截然不同的反應。

　　本研究嘗試爬梳我國同性伴侶在爭取婚姻平權過程上面對的爭議與挑戰。在台灣，爭取同性婚姻合法化的公共論述，近年來已經成為公開談論的議題，象徵逐漸正視同性戀者相關權益的保障。然而，爭議卻在倡議過程中逐漸浮現，尤其在社會價值取向上，無法避免的是對婚姻與家庭文化的衝擊。在處理同性伴侶進入婚姻制度問題上，贊成與反對各自的論述，呈現出台灣社會大眾對同性婚姻認同的歧見。反對同性婚姻合法的論述為，一男一女所結合的婚姻制度所建構的家庭可以自然的繁衍後代，維持社會穩定。然而，主張同性伴侶應有締結婚姻的權利，此乃憲法保障人民基本權利的範疇，不應以「性別傾向」剝奪任何人進入婚姻制度的權利。本研究將政治、立法過程中可能遭遇的社會價值挑戰，做出概括性的分析，期望在同性婚姻權利保障爭議上找到解決途徑的共識。

關鍵字：同性婚姻、合法性、婚姻制度、社會大眾、文化

壹、前言

　　同性婚姻合法不僅僅是在「權利」上有所爭議，同時也衝擊社會大眾價值觀的認同與改變。2015 年，當美國聯邦最高法院對於同性婚姻做出合法的裁決後，意味著美國在聯邦層級上承認同性伴侶有權進入婚姻制度，並且將及於全美各州。然而，*Obergefel*（135 S. Ct. 2584, 2015）案的裁決一出，社會大眾出現不同的論述意見，即使同性婚姻合法化，在職場上對於同性戀者的不友善仍然存在（Cunningam-Parmeter, 2015: 1101），源於社會大眾的態度，而社會大眾的價值傾向可謂左右美國同性婚姻合法化重要的因素之一。美國透過社會大眾對同性婚姻價值認同的變遷，逐步達成同性婚姻合法化之路。反觀台灣，在倡議性別平等之際，是否真正意識到民眾對「多元性別」認同以及賦權存在的落差，本文試圖梳理台灣在同性婚姻議題上所面對的爭議與挑戰，並且嘗試提出可供解決的途徑，希冀達成真正的性別平等。

　　理論上，台灣的「性平三法」（即《性別工作平等法》、《性別平等教育法》、《性騷擾防治法》），應已落實性別平等，而台灣民眾在性別平等知識上早已建構完整知識體系。事實上，「性別平等」的觀念早已深入日常生活中，但是知識要轉換為行為，這個過程還涉及了態度，而態度這個階段則是在同性婚姻中還涉及對「多元性別」的爭議。同性婚姻合法的議題確實引發民眾不同意見的論述，民主制度可貴之處就是廣納民眾不同的意見；因此，公部門提供「公共政策網路參與平台」，搜集民眾的意見，對於同性婚姻合法責成共識。但民調的起伏卻也顯示台灣民眾對同性婚姻合法化仍存在著歧見與爭議，這也是本研究將要處理的焦點。

貳、台灣同性婚姻權利的爭議

同性婚姻權利合法的爭議，透過社會運動的倡議，逐漸增加能見度，對於「同性戀」的現象不再避而不談，而是正視這個已存在的事實。台灣，身處亞洲華人文化圈中，儘管現代化、民主化在台灣深根已久，無法改變的部分則是存在甚至內化成生活的傳統價值，例如：傳統家庭價值，特別是傳宗接代的觀念仍舊維持一定的影響力。台灣對於同性婚姻議題的探討大多數著重憲法以及家庭法等制度面向的問題，其主要核心在於主張同性伴侶的婚姻權利合法化，是基於婚姻平等，同性伴侶有權選擇進入婚姻，在婚姻制度中與異性夫婦一樣擁有相同的權利與義務。所有的家庭都應該擁有基本權利及保障，例如社會保障，健康保險以及醫療保障等，不能因性別或者性別傾向而有所區別，不能以道德或者法律去質疑獲得這些基本權利的事實。

一、同性戀與傳統社會價值的拉扯

當 AIDS 病毒首次發現於同性戀者身上，西方社會文化即隱然將同性戀者與 AIDS 的傳染畫上等號，其將之歸咎於同性間的親密性行為氾濫、吸食毒品等因素，甚至認為同性戀者是一種瘟疫的起源，導致人們將同性戀者和 AIDS 產生道德上的恐慌（蔡宜臻、呂佩珍、梁蕙芳，2013：272）。西方社會對同性戀者的偏見與刻板印象，導致一連串對同性戀者仇視與敵意，甚至危及同性戀者個人人身安全。

台灣對 AIDS 的接觸時間晚於西方國家，對於 AIDS 的起源與傳染途徑的不瞭解，誤以為同性戀者即為 AIDS 的帶原者，將同性行為視為不道德與犯罪。Yang（2007）將道德經驗納入華人社會中，可以看到汙名化對華人而言，則事關「面子」問題。「面子」象徵華人在社會人際關係的脈絡，且與道德、家庭聲譽有關。在異性戀的主流社會價值下，同性戀者的「不

同」與負面印象常被視為不道德，違背社會道德規範，使家人蒙羞，這種泛道德的貶抑與譴責，造成台灣同性戀者社會地位的邊緣化。

社會對同志的偏見甚至出現在工作場合及學習過程中；在職場上，同志遭受歧視或者被解雇，只因為其性別取向。例如：台灣的「晶晶書店」事件[1]可以看到對同志仍存有偏見，而產生仇恨犯罪[2]，其所傳達出的即是對同志的歧視（張宏誠，2006a：42）。同志相較異性戀者所處的社會地位是弱勢的，使其成為社會中遭到邊緣化的一群。台灣社會對同志的歧視非僅出現在職場上，甚至在學習過程中也會產生歧視，例如：屏東縣高樹鄉的「葉永鋕事件[3]」，更說明性別的負面刻板印象。

二、文化背景─破壞人倫與家庭關係

同性戀是個人與社會文化脈絡下交互影響所形成的社會現象，其形成的歷程有所不同，對其認同也會有所差異。當主流社會所存在的是異性戀

1　晶晶書店，1991 年 1 月在台北市開業，是台灣地方性的書店，是少數販賣同性戀主題的書店，致力提供一個不讓同性戀者受到歧視的公開環境。
2　仇恨犯罪是一種「訊息犯罪」，犯罪行為人以及犯罪行為本身，都在傳達一種特定信念，即受害者不為社會所見容。其中最明顯的案例，便是對於同性戀者的仇恨犯罪。可將行為人區分為四：1. 基於意識形態所為之攻擊者，他們承襲大多數人對於同性戀者共適的負面想法的態度，認為攻擊同性戀者只不過是執行社會普遍的道德觀而已；2. 尋求快感的攻擊者，多數為純粹尋找刺激的青少年，其行為可以帶來快感，並在攻擊時獲得成為「大人」的強勢感；3. 基於同儕壓力所為之攻擊者，多數也是青少年，為證明自己的強悍，並有與同性戀劃清界線的同儕壓力而為之攻擊；4. 幻想自我防禦的攻擊者，認為同性戀者具有主動攻擊、侵害的潛在危機，是性騷擾者與性變態，於是在之前先自我防禦（張宏誠，2006a：41-42）。
3　葉永鋕事件，葉永鋕是屏東縣高樹國中學生，因舉止女性化，疑遭同性生惡意歧視，甚至有身體暴力傷害，一日遭發現陳屍廁所，家屬以有他殺嫌疑及校長等 3 名學校人員湮滅證據為由起訴，經台灣高等法院分院九十年度上訴字第 455 號刑事判決宣告無罪，後上訴最高法院，該院於 2004 年 7 月 23 日做成九十三年度台上字第 3830 號刑事判決，撤銷高分院無罪判決，發回更審。

價值體系的情況下,「認同」同性戀者是一種牴觸現實社會價值觀的表現。美國精神醫學會（American Psychiatric Association），在 1973 年將同性戀從心理異常名單中剔除,在此之前,西方國家,不論歐洲、美國曾長時期將同性戀視為精神疾病的一種,對有同性傾向者進行治療與矯正,試圖將性傾向「治好」回歸異性戀者的性傾向。

台灣社會對於「同性戀」名詞的概念其接觸的時間要晚於西方國家,早期對具有同性傾向者,以閩南語的「玻璃」、「腳仙」泛稱,或者借用古代男寵文化中「相公」、「人妖」或「斷袖」、「龍陽」等等（駱俊宏等,2005：63）,這些名詞的運用多帶貶抑的意涵。同性戀對華人文化與歷史來說並非不存在,自西漢高祖至東漢寧帝,就有帝王有過同性戀的史跡,中國古代稱之為「男色」或「男風」,各朝代的法律與道德對男風持容忍的態度（康正果,1996：109）。在中國社會中,同性戀者被視為是破壞傳統文化以及犯罪行為,後與西方的 Homosexuality [4] 概念揉合後,更帶有「變態、偏差」的意涵。

1980 年代之前,台灣社會針對同性戀議題的態度是不承認,故意忽略同性戀既存的事實,甚至否定同性戀群體的存在,幾乎不願意與同性戀者有所接觸。此後,隨著台灣首例 AIDS 病例官方文獻引用外國的研究與概念,對於有同性傾向者,才廣泛使用同性戀的用語論述。由於在同性戀語詞尚未被運用之前,台灣社會對有同性傾向者多因歷史文化之故,已存有偏頗的負面印象;爾後隨著在 AIDS 相關研究與報導上,多以同性戀者為主題,使台灣大眾對同性戀者更添汙名化的負面想像。社會大眾對同性戀者之間所追求的基本需求－相愛,則多不給予祝福,同性戀者無法獲得家人的認同,轉趨成為社會邊緣的群體。

4　Homosexuality 出自醫學用語,被用來暗指隱含一種「變態、偏差」意味的名詞。

理論上，天主教、基督教教義中將同性行為視為一種罪惡的觀念不易在台灣出現；事實上，台灣所承載的中華文化，特別是以儒家文化為基礎的情況下，儒家的觀點逐漸內化成為生活習慣的一部分，進而影響法律制度、政治體制的形成，特別是家庭，是為穩定社會的主要來源。儘管現代化、民主化使台灣轉型成為民主國家，然而，儒家思想對台灣家庭與婚姻的建構仍有相當程度的影響力。華人社會中對家庭的依賴以及重視程度，致使同性戀者對是否公開自己性傾向難以抉擇，缺乏自我認同感的情況之下，面對爭取自身權利所遭遇到來自家庭的反對阻力而卻步，而台灣所處的華人圈中，同性戀者要跳脫家庭以及華人社會價值體系，凸顯個人自主權利，確實有窒礙難行之處。

由於「同性戀」被異性戀主流社會價值貼上「負面」標籤後，同性之間的愛、相互吸引與行為，則被認為是一種噁心與罪犯，對同性戀者存在的是一種仇視與敵意（方佳俊譯，Nussbaum 著，2007：203-208），這使得許多同性戀者在發現自己的同性傾向後，對在社會上的處境感到焦慮。一般社會大眾所認知的同性戀是一種行為，而非真正體現在社會價值與制度運行中「身分」的認同；一旦認同同性戀者的「身分」，那麼伴隨而來的將是授與權利與義務，對早期台灣社會而言，要認同同性戀者的身分有其困難。

此外，個人與家庭間綿密的關係，進而建立龐大的家族、宗族關係是台灣建構和諧社會關係網絡中的一部分。家族對個人的影響力與約束力勝於法律制度對個人的約束力，這是台灣獨特的社會價值。家人的認同與支持，可以強化同性戀者對自我認同感。對目前台灣社會而言，文化價值與傳統之故，維持穩定的家庭關係成為社會重要的核心價值之一。而穩定的家庭關係來自婚姻與下一代的繁衍，儘管時代的變遷、知識的普及、個人主義抬頭，社會核心價值已逐漸質變中；然而，無法否認的事實在於，絕大多數的社會價值仍舊將婚姻視為人生中必要達成的重要目標。

對於同性伴侶而言，以生物方式生育就目前為止，確實有技術層面上的困難，這是無法否認存在的事實。然而，排除生物生育觀點的因素，同性婚姻是否無法達成婚姻中的生育，就實際情況而言，可以透過人工生殖，以及領養的方式解決生育的問題。另外，生育對於婚姻的重要性隨時代的轉變而逐漸遞減，取而代之的是兩人之間相互許諾的情感基礎。婚姻獨特的排他性，有助建立雙方穩定的關係，是一種個人的承諾，是一種社會大眾的認同，以及制度上的保障，是社會上多數共識所建構的制度，其中隱含由古至今的倫理與道德。

三、單純對婚姻象徵意義之維護

婚姻為人生大事，象徵邁入人生的另一個階段，就華人圈而言儘管自古以來繁瑣的結婚儀式時至今日已簡化，但仍有其象徵意義。在婚姻裡面，非僅存在儀式的進行，依據社會各個不同階段對婚姻所產生的內涵與象徵意義也會有所不同，以 Leach（1955）對婚姻的定義認為是權利的集合，所指出有幾項權利會由婚姻制度所支配，除了將兩個不相干家族連結在一起，其他則例如規範男女之間的性關係、法律關係、親子關係、以及財產繼承關係。婚姻，其所存的意涵不僅僅為權利與義務之間的關係，進一步看婚姻有其深層的代表意義。

婚姻被視為一個人與社會之間的連結，透過婚姻制度轉換男人與女人在社會中的地位，並限制規範彼此之間的性行為關係，建立一個人由出生到終老合法的社會地位，構築合法婚姻下配偶的親屬關係，這些是婚姻與社會之間所衍生的部分。婚姻對於親屬關係而言，是關鍵的成因，更重要的是藉由婚姻制度構築親屬群體，持續維持家庭的存在，這些是婚姻跨文化的意涵。

有別於西方世界對婚姻與宗教之間的關係，華人世界對婚姻的認知則來自於倫理。

1. 儒家文化

　　婚姻是人生大事，特別對於華人而言，一個人的生命歷程中，婚姻是重要的事項，不論對於男性或女性。由古至今標示中華文化的特殊性是來自於家庭倫理，家庭倫理對華人社會產生深遠的影響，使以家庭倫理為核心的文化價值植基到社會各領域中。夫婦依禮締結關係，而後父子關係確立，隨之推及其他社會人際關係的運用上，婚姻正常與否維繫著社會、政治秩序的穩定。張永儁（2008）提到，由周武王分封諸侯、周公制禮作樂、孔子的攝禮歸仁一脈相傳的以倫理為天理的人文展現，即使受西方社會價值、生活型態所影響，儒家文化中所重視的家庭倫理觀始終對華人世界產生潛移默化的作用。

2. 家庭的本質為婚姻

　　在華人世界中特別強調家庭的重要性，而組織家庭最基本的要素來自婚姻。家族的起源本於婚姻，這是源於自然的，在《易經》：「在天地而後有萬物，有萬物而後有男女，有男女而後有夫婦，有夫婦而後有父子。」，在自然的結合下成為最根本先於其他社會單位而存在，且與社會演變緊密鑲嵌。家庭擔負起最初的教育功能的角色，傳遞知識與社會價值，且與人的生命歷程相關，因此家庭具有傳遞傳統文化內涵的深層價值。

　　家庭的組成，最基本的方式來自婚姻，而婚姻的形式與內涵儘管因時代變遷而有所不同，然而婚姻在華人世界中承載過去傳統倫理與文化，依舊象徵多數人生涯中必要達成的指標。傳統中國社會以家庭為社會基本單元，家不僅為個人生命的重心，更兼具社會性功能，包含個人情感部分，也代表社會結構（高旭繁、陸洛，2006：53），而婚姻是組織家庭的基本因素，推論婚姻也具有相關的功能。此外，華人世界的家庭與家族之間的關聯緊密，個人組成家庭後非僅為兩人之間的家庭，其背後所涉及的是親屬之間的認同與家族關係。

參、台灣同性婚姻權利的進程

　　同性戀者權利長期遭到漠視，而歐美國家在石牆運動[5]後，同性戀者自我權利保障意識崛起，進而有一系列同性戀者權利倡議的社會運動，社會活動力強，往往對立法機關制定政策或者行政機關執行政策產生一定的影響力。除了社會運動之外，更進一步透過遊說立法機關影響政策、法案的制定，提供同性戀者合法權利的保障。反觀我國，倡議保障同性戀者的社會運動已逾 10 年，民眾逐步扭轉對同性戀者負面的印象。然政府部門對於同性戀群體的主張，僅僅只有形式上的宣示，具體的法律條文卻有限，本研究試圖由民眾態度的轉變，提供公部門在制定相關法律可以參考的面向。

一、同志社會運動─開啟社會大眾「知」的契機

　　我國在同性戀者倡議的社會運動歷程中，透過其主張訴求看到台灣社會大眾對於同性戀者態度立場的脈絡。在剛起步階段其所遭遇的是來自社會大眾的質疑、歧視以及政府部門冷處理的態度，此外，媒體發言或者對同性戀者相關報導的偏頗，這些都是我國同性戀者權利倡議過程中所遭遇的問題。最重要的是，台灣在同性平權倡議運動之初，社會大眾普遍對同性戀者是不友善的態度，導致不論本身是否為同性戀者對活動參與意願不高。

5　1969 年的石牆運動（Stonewall Riots）被認為是現代同性戀運動的出發點。當時所有相關的祕密變化都達到了轉折點。同性戀者開始大規模的組織起來要求合法的地位、社會認同和平等。石牆騷動的一個結果是「同性戀解放陣線」的建立（Gay Liberation Front, GLF，建立於紐約市）。這個組織的「一個同性戀者的宣言」（A Gay Manifesto）為剛剛形成的同性戀運動設立了目標。陣線的分支開始遍及全美。這些組織成為全球各種爭取同性戀平等權利的組織創立的基礎。今天，保衛同性戀者免受憎恨、暴力和其他形式的歧視是美國同性戀權利的主要議題，他們把這些描述為人權的本質。

無論是政治、社會、經濟方面的資源，要凝聚對同性戀者的支持，確實有其障礙。主要是與「同性戀者」相關的議題在台灣一直以來都是隱晦、避而不談的現象，同性戀者本身要「現身」支持同性戀者的遊行，除了要對抗來自社會異樣眼光之外，還得克服來自家庭、同儕的壓力。另外，非同性戀者「現身」支持遊行，則考量到被貼上同性戀者的標籤而卻步，賴鈺麟（2003）提到，台灣同性戀者的邊緣處境，來自性傾向的歧視。對同性戀者而言是一種傷害，導致同志不敢現身遊行主張自身權利與認同，消除社會上對於性傾向的歧視，將會是促進同性戀者權利保障的第一步。

　　台灣的同志大遊行，則成為亞洲地區同志運動的代表性活動，是亞洲最大的同志遊行運動。台灣同志平權運動由 1990 年代以來，透過不同的方式[6]，例如：社群集結、文化藝術、立法保障、社會倡議運動、教育宣傳等等。希望透過不同形式的活動，鼓勵同性戀者對自我的認同、扭轉社會大眾對同性戀者負面刻板印象，經由集結社會大眾的共識，進而促使政府部門在同性戀者權利相關議題上有所回應。同志大遊行所倡議的同性戀者權益保障，不論具體落實層面有多少，至少已經達成開啟民眾「知道」同性戀者，透過不斷的對話，即使對話的過程可能有衝突、誤解，但是如果沒有「接觸」、「對話」，同性戀者的議題將不會登上「公共政策」的制定的範疇，這是同志大遊行可見的成效。

二、同性婚姻權利倡議的困境—知識與態度的落差

　　人權保障不是一句形式上的口號，而是要落實在日常生活的態度中，

6　我國同志平權運動路線主要是參考歐美同志平權運動的路線為主。同志運動具有多樣性、差異性與複雜性，所以同志運動所指涉的並不是單一的、具有同質性的現象，如 Margart Cruikshank（1992）在其 *The Gay and Lesbian Liberation Movement* 中，主張同志運動的三大定位：性解放運動（Sexual Freedom Movement）、政治平權運動（Political Movement）、思想運動（Movement of Ideas）。

方能真正達成保障人權的行為。理論上，我國藉由教育傳遞性別平等的知識體系已有一定的成效，校園重視性別平等，這當然包含對同性戀者等多元、非傳統性別的瞭解。經驗上，儘管對於同性戀已具備相關知識，但在日常生活中，要真正落實對同性戀者友好的態度，恐怕還有努力的空間。

取徑美國同性婚姻合法的歷程，儘管目前美國聯邦最高法院在 *Obergefell* 一案裁決同性婚姻合法，卻仍有些範疇未列入法律保障。聯邦法律並未禁止職場上的性別傾向歧視[7]。即使聯邦憲法裡明確禁止性別歧視，卻未將性別傾向列入其中，雇主仍舊可以因為員工的性別傾向而將之解雇。在強調宗教自由的前提下，神職人員仍可以自由選擇是否為同性伴侶證婚。在法律領域看似取得勝利結果的同性婚姻，在文化、社會價值等日常生活中，仍有努力達成「平等」的空間。

台灣同志大遊行，可謂倡議同志權益社會運動的先驅，直至今日該運動已成為亞洲最大的同志權益倡議運動。

表1　歷年同志大遊行

時間	主題	參與人數	備註
2003	看見同性戀	將近5百人	路線從男同志歷史空間新公園（二二八公園）出發，走向西門町紅樓廣場，開啟台灣同志遊行的序幕，也是全球華人地區首次舉辦的同志遊行。

7　Simonton V. Runyon, 232 F.3d 33, 35 (2d Cir. 2000) (explaining that employmentprotections under Title VII do not extend to people "based on their sexualpreferences").

（續上表）

時間	主題	參與人數	備註
2004	喚起公民意識 其主要訴求為異議公民‧彩虹城市‧花樣主體‧同治國家	超過3千人	路線從中正紀念堂出發，沿中山南路、景福門、凱達格蘭大道、公園路，走過二二八公園／新公園、衡陽路，到紅樓廣場。
2005	同心協力101 其主要訴求為共同打造沒有言論壓迫、更多元、平等、無歧視的生存環境。	近5千人	路線從敦南誠品書店出發，走過忠孝東路，到達台北市議會廣場。
2006	一同去家遊Go Together 其主要訴求為爭取同志伴侶權益的合法化，例如結婚權或同居伴侶法，同志生育領養子女的權利，以及老年同志的關懷照顧等，希望讓每個同志都能擁有組織家庭的自由選擇權利；除此之外也希望透過對同志父母親人等議題的討論，讓同志的父母及親人能對同志有更深的瞭解，並進而支持同志！	首度突破1萬人	路線從松山菸廠沿著忠孝東路，至華山創意園區。並於終點舉辦公開的同志婚禮，有四對拉子伴侶參與，接受所有人的祝福。
2007	彩虹有夠力Rainbow Power 其主要訴求為「1.反歧視、要平權，同志公民不容忽視。2.展現多元，創意無限，同志最美麗。3.超越藍綠，關鍵少數，彩虹有夠力。」	近1萬5千人	路線從國父紀念館出發，沿仁愛路、安和路、敦化南路、忠孝東路、逸仙路、松高路、松智路抵達「台北市政府大樓後方廣場」。首次選出「彩虹大使」張惠妹，在遊行終點舞台為全體LGBT同志演唱。
2008	驕傲向前行 Run the Rainbow Way 其主要訴求為以「展現多樣，驕傲做自己」、「消除歧視，勇敢向前行」號召LGBT社群共同上街。	近1萬8千人	路線由台北市政府仁愛路廣場出發，沿仁愛路、安和路、敦化南路、忠孝東路、逸仙路再返回台北市府廣場。

（續上表）

時間	主題	參與人數	備註
2009	同志愛很大！Love Out Loud 其主要訴求為「用愛消弭歧視，相愛展現力量，同志族群長期以來對社會、人群的愛與貢獻」。	首度突破2萬5千人	首度在總統府前進行集結，在繞行人潮擁擠的交通要道－公園路、重慶南路、漢口街、忠孝西路、常德街進行巡禮。行經匯集大量外來移民、台北市最重要的交通轉運地－火車站，也再重回二二八紀念公園、常德街、中華路、西門町紅樓等滿載同志回憶的歷史地標。
2010	投同志政策一票 Out & Vote 其主要訴求為「同志站出來，展現政治力！擴大伴侶親屬關係定義，實質保障多元家庭權益！」	近3萬人	路線由凱道出發，沿公園路、重慶南路、衡陽路、成都路、昆明街、漢口街、忠孝西路。首度踏入人潮眾多的西門町區，讓更多的群眾能看見遊行及訴求。
2011	彩虹征戰，歧視滾蛋！LGBT Fight Back, Discrimination Get Out! 其主要訴求為重新看見歧視面貌、進而破除歧視。	近5萬人	特別規劃東、西兩條遊行路線，東路線行經金山南路與羅斯福路，繞行台大、師大文教區域，呼籲社會大眾重視兒少同志、落實性別平等教育。西路線經過二二八公園、紅樓戲院、常德街等為人熟知的同志人權地標。
2012	革命婚姻－婚姻平權、伴侶多元	突破5萬人	共有23個國家的外國同志朋友、團體與國際媒體等等，遊盟保守估計超過3千人。
2013	看見同性戀 2.0 正視性難民，鬥陣來相挺	近6萬7千人	遊行吸引了不少來自香港、中國，以及日本等亞洲國家人士前來參與。
2014	擁抱性／別・認同差異	近7萬人	再次回到凱達格蘭大道，途經仁愛路，希望再次喚醒民眾對同志議題的關注，認同差異，擁抱多元。
2015	年齡不設限－解放暗櫃・青春自主	近7萬人	社會規範如何透過年齡與性別，妨礙我們在生活中展現自我。本屆參與的團體中，有歐盟駐台官員也加入遊行行列。

資料來源：作者整理自http://twpride.org/。

由表 1 台灣歷屆同志大遊行可以區分為兩個部分：

1. 以成果部分而言

首先，歷屆台灣同志遊行的路線都行經所謂的台北市政府周邊，主要是藉由同志的遊行喚醒政府相關部門重視同志的人權，特別是禁止歧視。其次，從遊行人數僅數百人到超過 6 萬人，意味同性戀的相關議題在台灣不再是一種禁忌，由「不能談」、「不敢談」到「公開」主張權利，其中的歷程也象徵台灣社會對「同性戀」者的態度，多數不再存有負面觀感。再次，台灣同志遊行成為亞洲地區最大規模的遊行，這代表台灣民眾相對其他亞洲國家對同性戀議題採取開放的態度，並且在同志群體的倡議下，讓國際各國瞭解台灣同志所面對的問題。同時也可以引進其他國家對於同性戀者權益保障的經驗與模式，提供台灣政府部門解決問題可參考的借鏡。最後，可以看到在台灣所舉辦的同志遊行已經逾 10 年，地區也由單一的台北開始向其他地區逐漸擴展，高雄、台中等都陸續有同志遊行的相關活動。

2. 以困境而言

第一，可以看到儘管參與人數的增加，確實有助於台灣民眾更進一步的瞭解與同性戀者相關的議題，但實際上，檢視每年遊行的主題，反映出台灣社會大眾在接受同志的態度、行為仍與理論上有所落差。其次，遊行的主題上，從「看見」同性戀的訴求，到 2015 年的「解放暗櫃」，凸顯了遊行的持續效益、影響範圍的侷限。最後，無論活動舉辦成功與否，公部門對於該項議題進入法律條文實質保障的層次，似乎落後於同志對於人權的需求。

活動本身主要的目的除了改變社會大眾以往對同性戀者的刻板印象外，更重要的是反應在民眾的態度，消除根深柢固對同性戀者負面的自動化聯想。此外，希望藉由活動喚醒政府公權力部門正視同志群體的需

求－平等與認同，進一步，政府部門能夠將保障同性戀者權利落實在法律條文上。

肆、台灣同性婚姻權利的挑戰

時代的變遷過程中，婚姻與家庭制度正被解構也被賦予新的意涵。台灣社會在晚婚以及不婚現象日趨普遍的情況下，對台灣人口結構形成了相當程度的衝擊。台灣社會生育率降低情形日趨嚴重，反對同性婚姻權利合法論述者，強調一旦開放同性伴侶進入婚姻制度，勢必加劇台灣「少子化」狀況。在台灣，同性婚姻合法過程中，所要面對的挑戰來自政治、立法等，但對於實行民主制度的台灣而言，這些都需要歸向尊重大眾民意；民意，不可避免的就是挑戰社會價值，而社會價值來自於文化的積累，故本研究將同性婚姻權利的挑戰鎖定在文化層面。

一、衝擊現有婚姻制度：維持傳統婚姻重要性

支持維持傳統婚姻者認為，婚姻應限制其適用對象為「一男一女」，目的是在促進生育，主要基於社會性目的，調節男女之間的關係，分別為：1. 不會危害社會；2. 促進生育（男女之間獨特的能力，即生育能力）；3. 透過婚姻，社會關係會穩定，同時也維護家庭關係。事實上，結婚率降低的因素，除了現代男女對「婚姻」觀念的轉變之外，個人主義抬頭，自我成就感的追求逐漸成為現代男女在人的一生中重要的目標。對婚姻價值觀的改變，現代的人已經不再將傳宗接代視為婚姻中重要的責任；相反地，更注重配偶在心理層面與情緒的需求，愛與被愛，相互支持，是現代人對婚姻價值的重新體認。

現代化為台灣帶來的是社會價值與生活型態上的改變，婚姻對台灣現

代男女而言不再具有吸引力，在個人生命歷程中，婚姻不再扮演重要的角色，生育也不再成為個人人生計畫中唯一的目的。

圖1　結婚率與離婚率趨勢圖
資料來源：行政院主計處

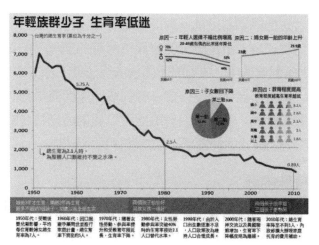

圖2　生育率趨勢圖
資料來源：http://castnet.nctu.edu.tw/castnet/article/4381

　　圖 1、圖 2 呈現出台灣近 10 年的結婚曲線，以及生育率降低的現況。結婚率的降低，非單一因素所導致，是多樣的原因所形成，社會結構的改變、知識普及，女性受高等教育人數增長，追求自我價值與成長，婚姻非人生唯一目標等等，都可能是造成結婚率降低的因素。

　　部分異性戀者提出反對同性戀者進入婚姻制度，享有與異性戀者平行的關係與權利保障，認為同性伴侶之間無法生育，其所建立的是一種虛假且不穩定持久的關係。認為將對台灣的家庭與婚姻造成傷害，甚至破壞社會穩定，一旦同性婚姻權利合法，會降低異性伴侶進入婚姻制度的選擇，肇始於對同性戀者負面刻板印象。

　　而且，並非所有同性戀者都願意進入「婚姻」，經由異性戀者所建構的婚姻，在制度與權利保障方面是以異性戀者的價值觀為主，流於單一形態的社會樣貌，容易抑制社會多元化發展。此外，部分同性戀者認為在異性戀為主流的社會體系中，訴求針對異性戀者所賦予的婚姻，恐怕會引起社會多數人的不諒解（Dent, 2011: 399），而加深對同性戀者的負面印象，造成同性戀者本身的壓力。或者就如 Polikoff（2009）所認為，同性婚姻無異是異性戀者透過婚姻制度延伸對同性戀者的主宰，經由婚姻中權利保障的規定上、稱謂部分，所呈現出的是異性戀者的霸權，例如：《全民健康保險法》，規定配偶適用，這裡的配偶是依照法律上合法的夫妻關係者。在現實生活中，同性伴侶與異性伴侶一樣對彼此伴侶有愛的心理需求與情緒上需要被照顧的時候，並非說只有婚姻可以提供這樣的功能，而是透過婚姻讓伴侶之間強化彼此的歸屬感，增加關係的穩定性。

二、婚姻的特殊內涵

　　反對同性婚姻權利的爭議，還有衝擊現有的婚姻制度。婚姻作為法律上異性戀的特權，是由於歷史性制度之故。Canaday（2008）則指出美國聯邦政策以性傾向作為權利分配的立場與態度，無疑是以異性戀為主所建

構的法律制度，同時也影響州政府在同性婚姻權利保障的傾向。學者陳昭如（2010）在文章中即提出婚姻在法律上的異性戀父權與特權關係的觀點。事實上，不同於西方婚姻制度，台灣的婚姻制度更凸顯父權的觀點，以及在父權下所形成的婚姻特權。《儀禮》中所提到的「在家從父，出嫁從夫」除了可以看出華人文化中對於女性的附屬地位外，更重要的內涵在於父權與男性特權為主的社會價值體系。

不論從美國或者台灣的法律制度經驗看來，屬於父權或男性的特權部分，經過時間推移與女性權利保障的倡導後，在有關婚姻法律制度中歧視女性的規範，已逐漸消除中，但異性戀法律機制卻更趨穩固，特別是國家福利成為婚姻特殊權利的一部分，間接強調異性戀的主流價值。即使自1945年後中華民國民法中，廢除「同姓不婚」的規定，卻仍以「一夫一妻」的婚姻形式為身分法的根基。

華人社會中對於婚姻與家庭會直接與延續下一代劃上等號，「不生小孩幹嘛結婚」、「為什麼結婚這麼久還不生小孩」……等，這是台灣目前反對同性婚姻權利合法的論述。確實，同性伴侶要以自然方式延續屬於雙方的下一代就現今技術有實際上的困難；然而，生育是否真的為婚姻關係中的核心，在社會價值的變遷下，延續下一代不必然成為進入婚姻中最重要的因素。故少子化與結婚率的降低未必有直接的關聯，結婚率降低僅為少子化現象的因素之一。相反地，同性家庭中成長的子女，卻因為法律保障的缺漏，剝奪其合法的權利，是否違反「子女最佳利益」原則。

傳統歷史，特別是在「人倫秩序」的框架下，這也正是同性婚姻無法列入基本權利保障範圍的理由之一。大法官強調的「一夫一妻」制度為婚姻的本質，且利用制度性來保障一夫一妻制，間接的排拒同性伴侶進入婚姻的可能性。大多數人對一夫一妻的共同認知所指的即是「一男一女」，卻也有部分主張既然未說明一夫一妻所指的是一男一女，僅僅為大家所認知共識，而主流價值也會隨時代演變而有所變更，未必不能指涉兩男或兩

女。故，一夫一妻所陳述的概念為「一對一」的情況下，並未堅持要一男一女。

　　婚姻是人生大事，特別對於華人而言，一個人的生命歷程中，婚姻是重要的事項，不論對於男性或女性。由古至今標示中華文化的特殊性是來自於家庭倫理，家庭倫理對華人社會產生深遠的影響，使以家庭倫理為核心的文化價值植基到社會各領域中。夫婦依禮締結關係，而後父子關係確立，隨之推及其他社會人際關係的運用上，婚姻正常與否維繫著社會、政治秩序的穩定。張永儁（2008）提到，由周武王分封諸侯、周公制禮作樂、孔子的攝禮歸仁一脈相傳的以倫理為天理的人文展現，即使受西方社會價值、生活型態所影響，儒家文化中所重視的家庭倫理觀始終對華人世界產生潛移默化的作用。

　　對於身處華人圈的台灣，家庭的重要性更是不可言喻，故同性婚姻權利合法的爭議使得現有的生活型態受到最直接的衝擊，家庭的組成不再是一男一女的父母親，而是同性別的雙親，更直接影響的是自然延續下一代，此外，家族與親屬之間的認同則也是婚姻重要的內涵。因而，反對同性婚姻則出自於維護婚姻的象徵意義。

伍、結語

　　在台灣，社會價值中一定程度承接儒家文化，重視家庭價值以及下一代的延續，對於無法自然延續下一代的同性婚姻制度，此為反對同性婚姻權利合法的原因之一。

　　華人社會中重視家庭倫理，提供社會穩定的基礎，是華人圈中引以為傲的社會特色。當現代化來臨，家庭倫理產生了一定程度的變化，也影響

華人圈中的社會價值、生活方式甚至法律制度。現代化中，家庭結構的轉變，主要可以透過家庭子女人數的減少、婚姻解組、繼親家庭、單親家庭、同性家庭、未婚同居等等新的現象產生，是一種全球性的改變。此外，醫療技術進步，死亡率降低，形成高齡社會的來臨，代間關係[8]漸漸成為未來社會中的另一種家庭型態，「照護」的概念將跳脫夫婦，延伸至具有非親密性關係的對象，產生多元社會樣態。

　　社會觀念的改變與同性戀者本身自覺，是推動政治部門積極立法的關鍵。近年來台灣民眾除了不再對同性戀者存有負面印象之外，且漸漸認同同性戀者與異性戀者並無差別，同樣受到法律保障；但卻在主張同性伴侶是否應有正式合法關係的論述浮現之際，持保留態度。產生認同與實際權利賦予之間的落差，然，要真正落實平等，不能只有觀念的承認，須配合法律制度確認同性戀者的合法性，否則不平等依舊存在。對於建構同性伴侶權利保障體系，首先是成立雙方正式法律關係，有了合法關係才能獲得實質權利的保障。要制定具體的政策或者法律，第一步需要取得大眾的共識，讓台灣人民瞭解法律提供同性戀的權益保障，並非稀釋社會資源，而是延伸憲法架構下原有的平等保障。第二步，必須讓民眾知道同性戀者的權益並非只有婚姻權，更多的是平等觀念的落實，例如企業、教育。最後，婚姻平權，現階段無法立即完成的情況下，法律是否應該考慮賦予同性伴侶實質權利的保障，非讓同性戀者的權益成為法律的模糊地帶。

8　代間（Between Generations）關係是指在家族的結構中代內（Intergenerational）、代與代之間（Intergenerational），以及多代之間（Multigenerational）的關係，包含兩代以上之間的親子關係，如父母與子女的關係，以及祖孫三代之間的關係。代間關係的發展是以家庭為中心的親子關係，一個成人組成家庭養育子女以後，代間關係成為成人發展中重要的一環。

參考文獻

一、中文文獻

方佳俊譯（2007），Nussbaum, Martha C. 著，《逃避人性：噁心、羞恥與法律》，台北：商周。

高旭繁、陸洛（2006），〈夫婦傳統性／現代性的契合與婚姻適應性之關聯〉，《本土心理學研究》，第 25 期，頁 47-100。

張永（2008），〈宗法之與家族－文化的思想特質〉，《哲學與文化》，第 35 卷，第 10 期，頁 109-32。

張宏誠（2006a），〈同性戀者與仇恨犯罪立法的芻議〉，《司法改革雜誌》，第 60 期，頁 40-46。

張宏誠（2006b），〈法律人的同性戀恐懼症－從「晶晶同志書庫」案簡評及其聲請釋憲的現實考量〉，《司法改革雜誌》，第 60 期，頁 24-38。

陳昭如（2010），〈婚姻作為法上的性父權與特權〉，《女學學誌》，第 27 期，頁 113-199。

蔡宜臻、呂佩珍、梁蕙芳（2013），〈愛滋病汙名之概念分析〉，《長庚護理》，第 24 卷，第 3 期，頁 272-282。

賴鈺麟（2003），〈台灣同志運動的機構化：以同志諮詢熱線為例〉，《女學學誌》，第 15 期，頁 79-114。

駱俊宏、林燕卿、王素女、林蕙瑛（2005），〈從異性戀霸權、父權體制觀看同性戀者的處境與汙名〉，《台灣性學學刊》，第 11 卷，第 2 期，頁 61-74。

二、外文文獻

Canaday, M. (2008), Heterosexuality as a Legal Regime. In M. Grossberg and C. Tomlines (Eds.), *The Cambridge History of Law in American*, Volume 3 (pp. 442-71). N.Y.: Cambridge University Press.

Cunningam-Parmeter, Keith (2015), Marriage Equality, Workplace Inequality: The Next Gay Rights Battle, *Florida Law Review*, 67, 1009-1056.

Dent, G. W. Jr. (2011), Straight is Better: Why Law and Society Justly Prefer Heterosexuality, *Texas Review of Law & Politics*, 5(2), 359-436.

Leach, E. (1955), Polyandry, Inheritance and the Definition of Marriage, *Man*, 55(199), 182-186.

Polikoff, N. D. (2009), Equality and Justice for Lesbian and Gay Families and Relationships, *Rutgers Law Review*, 61, 529-565.

Yang, L. H., Kleinman, A., Link, B. G., Phelan, J. C., Lee, S., and Byron, G. (2007), Culture and Stigma: Adding moral experience to stigma Theory, *Social Science & Medicine*, 64(7), 1524-1535.

三、網路資料

14th 台灣同志遊行，網址 http://twpride.org/。

行政院主計處，網址 http://www.dgbas.gov.tw/mp.asp?mp=1。

喀報，網址 http://castnet.nctu.edu.tw/castnet/article/4381。

補教介入高中生自我建構的情感、知識與資本:一個初探性的研究

張維元 *

* 福建省龍岩學院文學與傳媒學院副教授。

摘要

　　本文以參與觀察的研究方法，初步探索現今台灣補教機構對高中生在大學個人申請制度中的生命敘事與自我形象建構的介入。此一新興補教服務型態之興起主要針對台灣高等教育中各式考試的甄試化趨勢，而其主要商品並非傳統的統一化課程，而是幫助學生建構更具吸引力之「自我」的服務指導。本研究以「接合」（Articulation）的觀點分析性地觀察此一補教機構介入過程中知識、情感與資本的運動與交互連結。本文主要希望理解的並非補教機構本身或大學入學個人申請制度，亦非高中生的自我，而是大學入學個人申請之制度性脈絡所開啟並要求的自我建構場域中，補教機構介入自我建構的核心機制。

關鍵字：自我、生命敘事、補習班、學習顧問、個人申請

壹、補教自我建構的機制

「『自我』並非自然化的實體，而是社會建構的產物」這一說法在當代各派社會學與文化理論中都已被接受，研究的焦點於是轉向了自我建構背後的一整套社會與文化機制。本文的經驗性研究場域為台灣補教機構為適應台灣各類考試甄試化所發展出來的新興補教服務，以「接合」（Articulation）的角度分析性地描繪補教機器如何在高中生大學入學個人申請制度的脈絡下，通過介入其生命敘事的寫作而涉入台灣高中生人生初次的正式「自我」形象建構。

台灣現有研究對補習班與大學個人申請入學機制已經累積了相當的研究成果。一方面，在補習班研究中，研究分別聚焦於補習班與學生學業成績關聯（邱永富，2002；許綺婷，2001）、補教機構內部營運（林志勇，2010；謝三寶，2002）或學生與家長態度（柯正峰，1990；洪郁年，2010）等等，相較之下，很少有對補習班內部實踐機制進行田野式的分析（一個例外的研究，可參見陳伯軒，2013）。另一方面，從 1994 年大學入學個人申請機制正式啟動後，高中生以個人申請入學方式進入大學的比例於近年來逐漸升高，現已蔚為主流，這一趨勢也讓許多相關研究被生產出來，這些研究的焦點則主要放在申請入學學生與日後大學學業表現關聯（田弘華、田芳華，2008；洪泰雄，2004）與對新興大學入學制度的分析評價與建議上（如林大森，2010；張鈿富、葉連祺、張奕華，2005；陳蕙芬、李詩涵，2014；陳建州、劉正，2004），現今的研究文獻中，尚未有對補習班如何應對並介入個人申請的相關研究。

以參與觀察為研究方法，輔以當代社會學與文化理論的分析詮釋，本研究的分析聚焦於「初次自我建構與新興補教運作機制之接合」此一節點上，並試圖分析此一自我建構行動背後的知識、情感與資本的運作機制。換言之，本研究主要希望能夠理解的並非補習班本身或大學入學個人申請

制度,亦非高中生的自我,而是個人申請的制度性脈絡所開啟的自我建構要求中,補習班介入自我建構的核心機制。

貳、「學習顧問中心」與補教人生的建構

一、「學習顧問中心」：一種新興補教機構

　　從 2015 年 1 月初到同年 9 月中旬近 10 個月,筆者以正職工作的形式於被稱為「學習顧問中心」的新興補習教育機構進行參與觀察的研究,本研究進行參與觀察之部門的所有人員與被輔導學生皆被告知筆者的研究意圖與行動,本文所引的談話片段皆為工作性對話與閒聊,而非正式訪談,所引用的文本片段則直接來自學生或部門內部的書寫資料。筆者所工作的學習顧問中心隸屬於一個全台布點的大型補教集團,此一集團除了延伸出來的電子商務、文化創意、教育機器人與出版社等相關業務外,主要獲利來源仍然來自傳統的補習教育商品,為大學插班考試、研究所考試與公職考試提供課程的「專業輔考部門」為此集團最主要獲利來源。

　　學習顧問中心是集團為因應台灣各類考試「甄試化」趨勢而於 2013 年開始設立的新部門,它提供的是一種和過去補習教育十分不同的補教服務。傳統的補習班一般來說分為兩種,第一種聚焦於強化學生學科能力以提升學生在各種類型考試中的分數(如本文研究之學習顧問中心所屬的母集團即為此一類型);第二種則強調各式的才藝訓練(如繪畫、舞蹈等等)。不同於這些強調考試分數提升或才藝培養的傳統補習班,「學習顧問中心」所瞄準的是更為抽象的東西,亦即,幫助學生建構差異化的「自我特色」與「學習生涯」(Study Career)資料以應對考試甄試化的趨勢,其主要商品為通過建構更為完美且多元化的個人申請資料(如:營隊參與、自傳寫作、小論文或研究計畫、讀書計畫設計與寫作的指導等等),以塑造能夠取悅

甄試審查者的自我形象，讓學生面對各式甄試機制時，能夠擁有比其他競爭者更多的籌碼。簡言之，「學習顧問中心」所試圖提供的乃是一種全新型態的補習教育商品，亦即，指導性地建構一個具有吸引力的「自我」。

此一教育商品的特殊性也使得學習顧問中心的上課模式與集團內一般的輔考單位不同。如同我們過去所熟悉的「補習班」，集團中輔考部門皆以提供傳統學科能力強化的「一對多」大班課為主，這些針對各類考試的大班課提供的套裝課程，一班的學生從十多名到兩百多名皆有。學習顧問中心此一單位則有所不同，它的主要商品在於應對一般或在職研究所或大學入學甄試的書審與口試，主要的上課形式為一對一的書審資料撰寫與口試應對「指導」。這一類型的補習機構近年來在台灣已經逐漸出現，光在台北市內，筆者所工作的學習顧問中心就有至少四到五個競爭對手，這些競爭對手各自的機構背景都不同，有的是由高中升大學的補習班成立，有的則是從留學申請代寫機構延伸出來，和這些對手相比，因為母集團的規模，只有筆者所工作的學習顧問中心能夠全台從北到南設點。

二、個人申請制度與學習顧問中心的介入點

如同所有的新興資本積累機器皆須花下許多時間與精力摸索可行的商業模式（Business Model），「學習顧問中心」現仍處於摸索狀態，於工作期間的實作、閒談、會議中可知，生產此一新興教育商品之機構的全年營收仍處於虧損狀態，只有機構內部所稱的「旺季」是確定能夠獲利的時段。這一「旺季」即是台灣高中生進行大學入學個人申請第二階段的兩個月，以筆者進行田野研究的 2015 年來說，這一段時間即是該年 2 月初到 4 月底。

現今台灣高中生進入大學主要透過三種方式，按照時間順序分別為「繁星計畫」、「個人申請」與「指定考試」（指考），其中，「繁星計畫」主要依靠學校推荐人選進入大學，「指定考試」則類似傳統的大學聯

考，依照一次的考試分數及志願選填進行校系分發。「個人申請」現今已逐漸成為最主要的入學方式，且依此制度入學的比率仍在逐年增高，這一超過兩個月的入學流程與制度和過往的（如最傳統的「大學聯考」）及現今其他的大學入學制度最大的不同之處，在於此一制度希望凸顯個人特色與「適才適性」的精神。個人申請制度雖仍然保留了考試形態，要求學生必須先經過第一階段的學力測驗（所謂「學測」），但此一制度的真正特別之處在於第二階段。在此階段中，高中生根據第一階段學測成績高低自行選擇申請最多六個校系，通過申請科系篩選後，便獲得進入第二階段測試的機會，這第二階段的測試要求學生繳交申請科系所要求的書審資料並接受最後的口面試，此段時間即是上述的「旺季」，也是本研究討論補教機構介入學生自我形象建構的時段。用集團北區域經理的話來說，此段「旺季」對於學習顧問中心的重要性如同「夏天之於賣冰的」。

學習顧問中心在此時期的主要商品為提供學生一對一，共 10 個小時的「指導」，這 10 個小時包括幫助學生完成一個申請校系所要求的書審資料內容與口試準備，在書審資料方面，除了最重要的自傳外，尚會幫助同學建構簡歷與讀書計畫兩項文件，加上數堂口面試指導與模擬，價格是2 萬 5 千元台幣。若學生希望要完成三個校系的資料與口面試準備，則價格為 3 萬 5 千元。如同所有的諮商型或資訊／知識型商品不管在內容上或在價格上都具有極高的可變性，學習顧問中心也推出各種變化方案，譬如，學生可以較高的單堂課價錢只購買數堂課，或書審資料已經繳交只需要口試指導服務，或以較高價錢針對有英文口試的科系提供英文口試練習與指導等等。此外，學習顧問中心也和其他高中補習班或私立高中合作，讓顧問中心以一天或兩天營隊的方式提供服務，但這種型態的服務以講座型態說明書審資料與口試準備原則為主，每位學生能分到的個別指導時間約只30 至 40 分鐘。

三、接合式分析的視角

本文以「補教機構對高中生之『甄試化自我』建構的介入」為焦點進行「接合式」的詮釋性分析。接合式的描述性分析之理念來自於 Michel Foucault 對「性意識史」的著名分析（尚衡譯，1990），Foucault 對性意識的分析並不強調「性」這件事情本身，而是強調各種權力機器（國家、中產階級、宗教、精神分析治療等等）如何通過談論與規劃「性」這件事來強化自身的力量，而由此讓「性」成為一個被多重權力交叉建構的異質性論述節點（Discursive Nodal Point），由此，Foucault 不同意精神分析的「壓抑假說」，因為性不僅沒有被壓抑，在多重權力通過「性」這一論述節點來建構對自身有利的權力、論述與知識之政體（Regime）的狀況下，多樣化的「性論述」由此被生產出來，換言之，通過分析「性」作為一個與各種權力接合的節點，Foucault 描繪了社會中複雜的權力網絡。

跟隨 Foucault 的觀點，本文的「接合式」分析視被研究客體為一個由各種異質性力量機制所聚合而成的節點，其分析一方面聚焦於說明各個層次的力量機制如何共同連結式的支撐起被研究客體成為一個社會－文化實體，另一方面也強調該社會－文化實體如何於其內部折射與重新鑲嵌作用於其上的各式力量機制。在此一接合式分析的視角下，在研究補教業透過大學入學個人申請制度此一入口，介入高中生的生命敘事書寫與自我建構時，以下分析將著重知識、情感與資本於其中的運動。本文將一方面著重作用於此一節點上的「科系化自我」、「突襲式焦慮」與「補教機構教育－商業雙元性維持的要求」三重力量所施加的壓力，另一方面則聚焦說明補教式自我建構場域如何透過「科系精神對自我建構的鑲嵌」、「祕密知識的保護性幻見」與「資本對『志業』的截獲」來回應與折射上述三重力量。

參、情感、知識與資本
在補教自我建構過程中的運作

一、內幕性祕密知識的保護性幻見：回應突襲式焦慮

個人申請制度要求學生繳交能夠彰顯自我特色的「生命敘事」（Life Narrative）作為書審資料，簡歷、自傳與未來讀書計畫三者的組合是最常見的要求，根據個人申請制度「適才適性」的精神，這些由書審資料構成的生命敘事必須要能夠彰顯自我特性，其與申請科系的關聯，及對申請科系的初步理解，此外，高中生在上繳這些生命敘事後還需要通過大學科系的口面試，亦即，在個人申請的過程中，學生必須同時以書寫與口面試應對的方式展現出一個適合特定科系的自我形象。

眾所皆知，台灣高中生幾乎所有的學習精力都被導入學科成績獲取高分一途上，但逐漸成為大學入學主要通路的個人申請制度卻要求學生在學測考試完成後，製作能夠凸顯個人特色的生命敘事並和申請科系連結，這一項任務對台灣高中生無異非常困難，因為高中生在此等於面臨了一個從強調「拿高分」到強調「凸顯個人特色」的典範轉換障礙。

此外，以參與個人申請學生的時間感知來說，這一典範轉換是非常突然的。雖然學生與家長都很清楚，在第一階段學力測驗通過後，在很短的時間內就將面臨書審資料製作與口試測驗的任務，但在學測考試前，學生都將精力集中在讀書與考試上，一直到學測結束後才開始對時間緊湊的書審資料製作與口面試程序感到緊張。這一狀況直接反映在顧問中心於學測結束前的冷清上，即使在學力測驗前兩個月，行銷人員就已經開始針對高中學校散發各類文宣、投放網路廣告與關鍵字廣告，並於校內或校外舉辦各類型講座（從認識個人申請制度、認識大學科系學群到大學科系未來出路、書審資料寫作原則等等），但在第一階段學測沒有公布成績前，除了

偶爾有特別熱心的家長會前來詢問相關服務外，顧客寥寥無幾，但工作團隊對此現象毫不感到奇怪，「現在不會有人來的，發放資料和辦講座只是讓他們先知道我們的存在」，但許多同事們也會於此時警告筆者說這只是「暴風雨前的寧靜」，如同一位較為資深同事看著學測考試前幾周空盪的櫃台對筆者所說的，「下個月你就會看到很多人擠在櫃台前，然後手上拿著一把錢對你喊『救我！』」。此外，進入個人申請程序的高中生時間感知除了必須面對突然式的壓力外，也來自於另一方面，亦即，若個人申請沒有通過就必須面對最後的指定考試，這不只是主觀上個人士氣的挫敗，客觀上，個人申請過程中製作並準備書審資料與口面試的工作等於擠壓了準備最後指考的時間，「我個人申請非上不可，沒上的話，指考我就處於劣勢了」這種類似的表述常常被學生掛在嘴邊。

由上可知，在進行個人申請時，台灣高中生等於面對了非常突然的學習典範斷裂與轉換要求。一方面，過去所熟悉的以「苦讀」與「拿高分」為原則所組成的象徵秩序（Symbolic Order）瀕臨解體，另一方面，在台灣高中生學習習慣所構成的時間感知上，這一轉換是非常突然的，這種「典範轉換」與「時間緊急」的組合構成了學生與家長清楚的「突襲式焦慮（Anxiety）」。學習顧問中心明顯的操作這種焦慮能量，其主要方式為首先將漫無目標的焦慮轉換為有著具體害怕對象的恐懼（Fear），其次再將自身建構為擁有關於大學內幕之祕密性知識，而由此能夠對付這種恐懼的機構。

在將焦慮轉換為恐懼的操作上，建構大學教授「古怪難搞」形象的操作占據著重要位置，在學習顧問中心的宣傳講座中，不同於台灣一般大學內部通常都只用「老師」來稱呼教授，宣講者會不斷地對學生及家長強調「你們現在要取悅的是教授！（語氣加重）」，而在其描繪中，大學教授皆是學識淵博但性情古怪的人，中心所搜集的許多極為特殊的口試考古題便常被拿來證明大學教授的難搞（譬如，某位申請中醫系的學生，因為曾在自傳中寫到自己喜歡金庸，便在口試時被問到金庸小說中特定穴位的身

體位置），此外，教授們甚至會共同布下策略性陷阱以測試學生，如最典型的「黑臉／白臉」遊戲便是宣傳講座的投影片之一（見圖1），用以提醒學生們將面對的「險境」。通過上述操作，顧問中心便可將高中生不知所措的焦慮轉換為針對特定對象（大學教授）的恐懼。

圖1　顧問中心講座投影片之一
資料來源：筆者搜集

　　面對上述由焦慮轉換而成的恐懼，學習顧問中心則宣稱擁有各種大大小小的「祕密知識」可以指導學生通過此一險境，這些祕密知識有些看似合理，如書審資料的字體與格式建議、「口試請穿著全身套裝」的指示或口試時應該保有的姿勢或眼神接觸方式（見圖2）；有些看來有著過度操作的嫌疑，如要求學生進入口面試試場後「注意要『面對』教授把門關上，切忌背對教授，關門後有精神地喊出『各位教授早安！』，走到座位旁邊時行鞠躬禮並說出『感謝各位教授願意聽我講話』，接下來再拉開椅子坐下，坐下時注意不可坐滿，只坐二分之一位」，有些祕密知識則看來似是而非，譬如，要求學生的履歷照片「千萬不要用數位檔案直接輸出，一定要用沖洗出來的照片貼上，以避免列印痕跡浮現」。

　　在所有的祕密知識中最重要的莫過於「學習顧問師」本身作為祕密知識擁有者的賣點，顧問中心持續強調學習顧問師乃是最接近大學教授的人，譬如，「我們的老師都有碩士或博士學位，他們都是曾在大學幫助教授做研究的人，他們最知道教授喜歡什麼」，或更具體的「我們的老師很多都是在大學兼課的流浪博士，他們和大學教授的程度是很接近的，只是他們進不去，因為老的不肯退」。這裡的重點或許並不在於指出這種說詞的謬誤，因為很明顯地，學習顧問在研究上曾經幫忙的教授和實際審查學

生的教授很難是同一位，而將流浪博士現象的原因化約為「老的不退」，從而忽略台灣少子化趨勢及高等教育系統擴張過快等等更為結構性的因素更是明顯的簡化問題。儘管這些謬誤都十分真實，但在本研究場域的脈絡下，更重要的或許應該是指出，對於已經非常焦慮且有著清楚恐懼對象的家長與學生來說，「幫大學

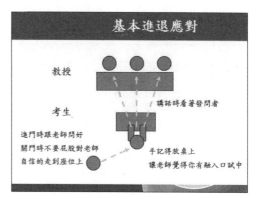

圖2　顧問中心講座投影片之二
資料來源：筆者搜集

教授做研究」或「老的不退」這些說法正是因為其「化約的內幕性」才特別能對家長和學生產生清楚的吸引力。

學習顧問中心在此從「轉換焦慮為恐懼」，接著「鎖定並展演恐懼對象」，再到提供「（似真非真的）內幕性祕密知識的保護」的程序，可說是一種幻見性（Fantasmatic）的論述操作。Slavoj Zizek（1997）指出，「幻見」乃一種幫助我們應付並緩解象徵秩序解體所引起之焦慮的保護性論述（Evans, 1996: 59-61; Zizek, 1997）。幻見通常有著「祕密性」的特質，它的內容通常以我們平日無法親近的社會實體（某特定機構、制度或人等等）的內幕性知識為主，這些內幕性知識通常並不會以公開言談的方式出現，而常是以細碎的、似是而非的言語或甚至道聽塗說為表現方式。此外，必須特別說明的是，即使是已經開始吸收幻見的行動者都能夠意識到這種保護性論述未必具有實效，但他／她卻很難完全抗拒幻見的誘惑，因為幻見性論述的主要功效並不在其所具有的實際效用，而在於其可以暫時性的緩解主體所正經歷的焦慮性情感，在幻見此一概念所屬的 Lacan 精神分析學派中，焦慮來自於主體所熟悉之象徵秩序的解離所帶來的不確定性（Evans, 1996: 10-12; Salecl, 2006），而幻見乃通過祕密性論述彌補象徵秩序的解

離，並輔助主體處理不確定性[1]。這一狀況在筆者與多位被輔導學生的談話中表現得非常清楚，被輔導的高中生事實上十分清楚學習顧問中心所宣稱擁有的內幕性知識乃是「商業手段」或「行銷手法」，但另一方面，他們同時也認為「和我們一般人比，你們（學習顧問師）至少和教授比較接近」、「有人帶總比沒人帶好」或「至少有個方向，總是比完全沒有方向要好」，從這些「總比沒有……」、「至少比較……」的意識與言詞反應細節中，我們可以看見在情感的層次上，面臨學習典範轉換障礙的學生有著清楚的不確定感與無方向感，而學習顧問中心則提供了穩定情緒的功能，學生所想的並非學習顧問中心真能幫他們解決問題，而是「如果沒有你們，狀況可能會更糟」。這一點在書審資料繳交的最後日子裡更為明顯，儘管當時學習顧問中心已經處於極度繁忙且學習顧問師除了手上正在輔導的學生外根本無暇顧及他人的狀態下，仍有許多學生帶著手提電腦和資料到中心找位子繼續書寫或檢整資料，因學生們認為在此「比較有安全感」。

由上可知，學習顧問中心以「古怪難搞的大學教授」之形象將焦慮轉化為明確的恐懼，然後進一步提供一連串祕密性內幕知識及「離教授比較近」的學習顧問師為引導保證乃是一種知識商品的行銷手段，而這一手段在即使購買者並不全然相信的狀況下仍然能夠被購買，乃因為此一幻見式論述操作能夠回應個人申請制度對高中生所帶來的「突襲性焦慮」。

二、自我建構書寫中的科系精神鑲嵌：回應科系化自我

研究者（Smith and Watson, 2010）已經指出，自我敘事的寫作並非直觀地呈現「真我」，而是經常根據特定寫作的脈絡的要求，來挑選、排除、強調與淡化特定生命片段並通過重組這些生命片段來建構寫作者自我

1　「算命」可說是一種典型的幻見性論述，它告訴主體其不可知命運的軌道，它難登大雅之堂且被算命的主體很清楚的意識到算命「不是真的」，但在潛意識上，我們卻幾乎不可能完全避開其言語效力，因為它觸及我們高度關心的、不可知的命運。

現今的身分。在個人申請機制的脈絡下，「科系化」成為高中生自我書寫建構的主要方向，亦即，高中生必須挑選出特定的生命片段然後以文字書寫表達出一個適合申請科系的生命史，以取悅特定科系的教授。

在筆者的工作經驗中，這種科系化的自我書寫要求所遭遇到困難除了來自於高中生經常認為自己「沒什麼可說的」與對大學科系的學習內容缺乏理解外，最重大的障礙乃來自於以適合於高中生程度的方式在自傳中建構出該生適於特定科系的書寫化生命印象，亦即，學習顧問的書寫建構介入的目標並非在學生自我生命敘事中建構出該生理解申請科系之「專業知識」的形象，因為若是如此，則有專業人士（擁有申請相關科系之碩博士學位的學習顧問）捉刀的斧鑿痕會太過清楚，因此，學習顧問對自我書寫介入的主要目標便成為將科系的精神鑲嵌進被挑選的特定生命片段中並對這些片段進行重組建構並賦予意義。

這一生命片段與學科精神的連結與鑲嵌可能來自於特定科系要求的普遍能力，譬如，過去曾玩模型或拼圖表示有空間概念、喜歡撞球表示對物理運動路線著迷等等可與工程學群連結。又如，許多學習顧問師都認為「自助旅行」是很有用的材料，自助旅行的狀況經常被描繪為學生與爸媽共同出遊，爸媽只負責出資，由同學自己上網訂房、搜尋景點、規劃路線、找優惠、與當地溝通等等，經過學習顧問師的指導加工後，這一「自助旅行」的生命片段可一次性地展現規劃協調、控管與執行預算、專案設計規劃、英文閱讀與溝通、網路媒體知能等一連串能力，也可以表現不畏懼陌生的人格特質，而這些特質在商管、財金、餐旅、語言、大眾傳播、法政（需要進行預先的抽象模擬構思）或工程（製程監控管理及與工人溝通等等）都可以做出連結。

當學生過往經驗與科系本身相距很遠時，這種學科精神與自我的連結與鑲嵌便會以非常迂迴的方式進行，以一位曾有小論文寫作經驗且要申請會計系的學生為例，該生的高中小論文題目是「複製人的倫理爭論」，顧

問在看過該生的小論文並知道該篇論文乃是以接近「文獻整理法」的方式梳理出當代對複製人倫理爭議的各種分析評價，並整理出辯論立場與角度的位置光譜後，該生的學習顧問於是幫他的自傳文字設計成強調研究方法（而非研究本身）和會計工作的關聯，指出當初進行「小論文研究的方式和會計工作的核心精神相通」，而這表現在「將複雜零碎的資料統整為簡單清晰的表格，供經營者與投資人參考」，當然，「文獻整理法」這一專有名詞並未出現於自傳文字中。

除了學科要求的普遍能力外，創造「正確的」驚訝與好奇以連結學科核心宗旨並鑲嵌入自我生命敘事也是經常使用的路徑。有攝影與影像軟體操作經驗，又想申請大眾傳播學群的學生可在生命敘事中鑲嵌入「影像後製是否是一種再現的不誠實？」的文字討論段落；對電影或韓國流行文化的喜愛可以轉換為對「韓國文化工業為何崛起？」的好奇心以同時適合大眾傳播學群與商管學群等等。下面這個例子更是具有代表性，顧問中心曾輔導一位要申請前段國立大學人類學系的學生，儘管該生對人類學一無所知，但在自傳中，為了建構他對人類學有興趣的形象，顧問便「指導」他在自傳中提到曾在 Discovery 頻道中看見母系社會的組織型態，簡述該部落的小孩不由父親照顧，而是由母親的兄弟（舅舅）照顧，而親生父親則比較像是小孩的玩伴，而「此種和我們當代家庭大大不同的社會組織讓我感到驚訝與趣味，並希望於未來深入瞭解」。在此一例子的操作中，學習顧問可說幫助學生建構出了「（對申請學科來說）『正確的』驚訝」，亦即，讓學生的「驚訝」與傳統人類學的主要學科宗旨（探索與現代社會不同的社會組織方式）及其對當代知識界的震撼（這些不同的社會組織仍能良好運作）遙相呼應。

由上可知，雖然毫無疑問地，學習顧問中心所進行的乃是一種知識商品化的實踐，但相當不同於過往知識商品化研究中強調知識商品化過程主要涉及生產新的專業知識內容，並將這些內容加以模組化以利於後續的複

製與操作（Huczynski, 1993; Suddaby and Greenwood, 2001）或這些模式化、複製與操作化過程的可能障礙（Heusinkveld and Benders, 2005），在高中生個人申請的補教脈絡下，學習顧問中心的知識商品化行動著重於強調小心翼翼地在不呈現專業知識內容的狀況下，將科系知識的「精神」鑲嵌入對被輔導對象的生命片段中，然後對其賦予意義。相較於一般的知識商品化行動，儘管學習顧問中心的知識商品沒有深度與創新，它卻更強調個人化差異也更重視對生命片段進行學科精神鑲嵌的細膩操作。

　　一般來說，顧問中心的操作首先會和學生進行約一小時的深度訪談，顧問會從學生的嗜好、家庭、在校各種表現等等開始理解，然後從這些材料中選出如上述四到六個能夠和申請科系精神連結的「亮點」，然後以每一個亮點架構出一個段落，讓學生回去寫作，再於下次上課修改，直至完成。這種生命書寫最後所呈現出來的樣態和現今高中生由高中端指導所做出的以歷時性方式排列的自傳（從父母、兄弟姊妹等家庭狀況延伸到國小、國中與高中，然後再承接參與的各式比賽、獲獎與社團活動等等）十分不同，在此，學生的生命書寫呈現出清楚的「目的論式」（Teleological）形態。生命敘事的研究者（Brockmeier, 2001）已經指出，絕大多數的自傳文字總是有著近乎神祕的目的論色彩，亦即，透過對生命回溯式搜尋、挑選與重新建構以體現出過往的生命道路似乎「總是已經」或「註定地」帶領生命敘事寫作者走入現今的樣態。我們在學習顧問中心的寫作介入中看見了同樣的狀況，但在此的引導目的是相當清楚的，亦即，回應「科系化自我」的要求壓力，由四到六個亮點組合出來的具有「正確的」興趣、經驗、驚訝與好奇心的生命敘事持續地指向與學科精神間的神祕目的論式連結。

三、資本對「志業」的截獲：保持教育形象的知識商品

　　從前面的論述可知，學習顧問師是整個補教自我生命敘事建構的核心指導者，這一角色有著明顯的角色分裂，亦即，學習顧問師一方面是補教機構的僱用人員，必須幫助補教機構獲取商業利益，但在另一方面，學習

顧問師同時也擔任著老師的角色，必須完成教育的功能，此外，在個人申請制度脈絡下幫助學生建構個人生命敘事的學習顧問所擔負的教育功能似乎比傳統上的補習班老師更加複雜，如前所述，被感知為「離大學教授比較近」而由此掌握大學內幕性知識的顧問師一方面是遭遇焦慮與恐懼情感的學生與家長的情緒依靠，另一方面，對於認為自己「沒什麼好說」的學生而言，學習顧問師乃生命片段的挑選重組者與意義賦予者。換言之，至少在提供自我生命敘事建構的服務期間，學習顧問師對學生與家長來說同時是內幕性知識擁有者、免於大學教授威脅的情感保護者與「甄試化」生命意義的賦予者。

在筆者的田野觀察中，同時肩負「商業雇員」與「教育導師」兩重任務的學習顧問師在工作實踐時的意向明顯地較為傾向後者且盡量避開前者的角色，且學習顧問中心也盡量制度化這種安排，譬如，在學習顧問中心所安排的標準操作程序中，購買商品前對選填科系、大學校系簡介與書審資料撰寫原則的諮詢主要由學習顧問師負責，諮詢過後進行商品報價時，學習顧問則會離開，由業務人員接手。顧問中心這種讓顧問師避免參與行銷與商品報價的作法也被學習顧問師們主觀地接受，許多學習顧問師在諮詢過後面對家長或學生詢問服務價格時都會宣稱自己「並不清楚價格，必須詢問業務人員」，儘管學習顧問師們其實都對價格十分瞭解。一位學習顧問師即認為，當生意實在太忙，業務人員都被佔滿而必須由學習顧問自己報價時，他都會有一種「撕破臉」的感覺，「好像之前諮詢過程中作為輔導老師與朋友的表象瞬間被打破一般」。

此外，學習顧問師們普遍認為自己在進入一對一輔導的實際指導階段時，就會忘記自己是補習班雇員的身分，並共同指出在當時「我完全認同於學生」的意向，這除了表現在輔導時為了建構學生生命敘事並提供情感安撫時，需要聆聽許多學生的內心故事如家庭關係、最難忘的事或甚至情感狀態等等，並提供和服務商品無關的個人建議外，這更清楚地表現在學習顧問師

都會把原本「計時制」的商品服務操作成「計件制」的服務。如前所述，學習顧問中心的商品組成主要是通過 10 個小時的一對一課程建構書審資料並做口試練習，換言之，「時間」乃是商品的基本單位，越長的時間表示越多的收費。一般來說，一次指導以 1 小時為單位，但根據預筆者及顧問中心業務人員的觀察，顧問中心中近四十位的學習顧問沒有任何一位沒有系統性超時上課的習慣，「10 個小時」從來都不是學習顧問心目中的任務目標，將學生的所有資料與練習「做到好」才是，以至於 10 個小時的產值計算與鐘點費在實際操作時都會至少擴展到至少 12、13 個小時以上，在筆者參與觀察期間，一位專門負責申請醫學系學生的學習顧問師每一次的 1 小時課程都是以至少 2 小時完成。這裡或許值得注意的是，在純經濟效益的考量上，學習顧問將記時制商品操作為計件制商品這一行為不只不合學習顧問師本身的利益，它其實也不合於補教機構的利益，因為，在學習顧問師的方面，實作上 90 分鐘的一堂課程在鐘點費與產值計算上仍然只以 1 小時記錄，另一方面，這也不合教機構的利益，因為這讓以「計時制」收取費用的學習顧問中心無法通過加課、加時數的方式收取更多費用。

　　學習顧問群以非常多的角度解釋自己超時上課的習慣，有的學習顧問師認為自己如此做的原因是要「避免客戶申訴」，有的則解釋是因為「自己習慣先給學生 20 分鐘的暖身時間」，有的則認為這是因為學生「資質不足」所致，但所有學習顧問都提到自己「是老師不是生意人」這一理由。另一方面，只要是沒有下一位預約學生，學習顧問中心都會在最大的程度上盡量容忍學習顧問師這種在獲利上「做白工」或甚至直接產生阻礙的教學實踐慣性，並放棄進一步收取更多學費的機會，即使是當 1 小時時間已到，下一組顧問師與學生已經在一對一輔導室門外等候，而其他輔導室都已經全滿的狀態，學習顧問中心的人員仍會試圖安排其他空間與桌椅讓表定上已經結束，但實際上還未完成的課程繼續下去。筆者以為，我們在此看到的是學習顧問中心此一補教機構非常核心的運作邏輯，亦即，補教機構之商業性面向通過對學習顧問師作為「老師」或「教育者」之「志業性

認同」的容忍與截獲來使其維持教育機構的面向，並由此繼續維持其同時為教育機構與商業機器的雙元性。

學習顧問中心通過前述的講座、諮詢服務、建構恐懼、提供內幕性知識幻見為情感保護為其行銷手法，其商品內容為學習顧問師及其對學生生命敘事進行學科精神鑲嵌的技術，並以時間為單位來計算商品價格，它毫無疑問是一個聚焦於知識商品化的機器。但另一方面，學習顧問中心對學習顧問師慣性地延長實際輔導時間，而由此直接阻礙進一步收費之作為的容忍，乃此一商業獲利機構維護其教育門面的重要核心機制之一。當學習顧問師認為自己「是老師不是生意人」且「認同於學生」，並由此對做為補教商業機構一員的角色產生角色距離時，這一追求志業而非職業的行動或許阻礙了補教機構全面性地商品化所有的輔導時間，但另一方面，這一志業行動卻也同時被補教機構吸收，儘管這一吸收並非以直接經濟利益的方式表現，而是以維持其整體機構利益來表現，這裡所指涉的「整體」機構利益所指涉的即是讓補教的商品化機器維持其基本的教育表面。

必須說明的是，學習顧問中心的商業面向對志業的截獲乃是有意識地為之，這從整個個人申請程序結束後對學生感言的文本搜集及文本變造活動可以看出。整個申請程序結束後，學習顧問中心會用電訪、贈送獎金禮品、「回娘家」活動或請學習顧問直接聯絡學生動之以情等等手法，來要求學生寫作感言並對其感言授權，這些感言會被顧問中心修改，除了刪除掉負面評論並挑出具有說服力的文字段落之外，感言文本中學習顧問師的名字都會遭到刪除並被置換為學習顧問中心的名稱，而這些被修改過後的感言將成為下一次商業宣傳的重要材料。以上的文本操作直接體現出補教機構對教育志業行動的截獲，學生感言的寄送對象原本是老師，而學生最感謝的總是學習顧問師「超出（商業）本分」的幫助，但在經過修改後的文本表現上，感謝寄送的對象變成了學習顧問中心「超出（商業）本分」的幫助。

我們或許可以說，在這裡我們所看到的正是社會學非常熟悉的「能動

性本身被結構所吸收」的機制，亦即，一個行動者，正是因為試圖逃脫其結構性位置的努力，而以另一種方式強化了其所屬的結構。社會學家 Erving Goffman（1961）曾描繪角色距離（Role Distance）本身變成了角色的一部分的運作機制，一個好的領導者總是必須對其領導者角色產生些許距離，通過經常和下屬「如朋友一般的相處」，才能真正有效的領導；Michael Burawoy（林宗弘等譯，2005）對「工人趕工遊戲」著名分析也告訴我們，工廠工人將工作轉換成遊戲以加速趕工這一行為，本是出於排解無聊、建立尊嚴與獲取同儕尊敬之逃脫結構性位置的意圖，但這一能動性卻反倒加速了其所屬結構的產能，在 Burawoy 那裡，資本通過截獲工人的遊戲動能來強化自身，在本案例中，教育資本乃通過截獲志業來維持其教育性的表面。

四、一對一輔導室：知識—情感—資本的空間

以上討論主要通過聚焦於學習顧問中心的行銷宣傳與指導實踐來說明此一新興補教機構所提供的自我建構服務乃一同時聚合知識（鑲嵌科系精神的技術）、情感與（教育型）資本的節點，且它在補教機構的脈絡下既接收又回應了台灣高中生個人申請制度的要求。我們現在簡單地轉向顧問中心的一對一輔導教室空間，因為此一空間可說具體而微地呈現出補教自我建構機器中的「知識—情感—資本」混合體（見圖3）。

多位學習顧問師指出，學習顧問中心這種特殊的小型一對一教室讓他們聯想到精神分析的診療室，這一聯想在學習顧問的指導實作上並非沒有基礎，學習顧問師在此空間中聆聽學生對自我生命的描述並從其描述中建構適當的科系化自我給予對自我認知仍相對模糊的高中學生，另一方面，學習顧問師也被學生認知為能夠幫助其應對個人申請制度與乖張大學教授的

圖3　學習諮詢室空間
資料來源：筆者拍攝

情感性保障,在這一同時混融情感保證、知識引導與自我建構的空間中,學生或多或少的對學習顧問師進行類似於精神分析診療過程中的「傳會」(Transference)。根據 Lacan 精神分析理論,「傳會」一詞指涉精神分析診斷場域中分析師與被分析者的關係,此一關係呈現為被分析者認為分析師能夠解讀其症狀(Symptom)意義的信仰,一對一輔導室中所進行的則非對症狀解讀的信仰,而是學生對學習顧問師能夠挑選、組合特定生命片段並對其賦予適當意義的信仰。這一變形的傳會關係同時也夾帶著「知識─規訓」的效應,除了服裝要求、應對進退或口面試技巧鍛鍊持續地對學生施加「生產性規訓權力」(Productive Disciplinary Power, 劉北成、楊遠嬰譯,1992)外,個人申請制度「適才適性」的要求也在學習顧問服務過程中,通過科系精神與自我生命的必須性連結,被轉換為對學生個人生命敘事內容的規訓力量。最後,一對一輔導教室這一可以從四面被監看的空間同時也類似於百貨公司的櫥窗空間,將上述知識與情感的傳會及對學生身體和生命敘事的規訓效應進行商品化的展示。

肆、結語

本研究並不討論「一對一書審口試指導」這種新興補教服務是否「有效」,也不討論高中生的自我生命敘事寫作是否真誠[2],本文主要討論的焦點座落於高中生於此場域中進行自我生命敘事建構與傳播之過程中所接合

---

2 在有效性方面,根據學習顧問中心的後續追蹤,該中心於 2015 年 2 月到 4 月所輔導的一百三十位學生皆通過個人申請並進入大學科系就讀,但我們很難就此判定此為接受顧問中心服務的結果。在學生真誠性方面,筆者在田野場域中同時能看見對特定學系充滿執著,一心想要申請能「改變世界」的科系的高中生,與左手寫作批判資本主義與中產階級意識形態的社會學系申請資料,右手陳述對財經科系充滿興趣的高中生。

連結之異質性力量機制。筆者以為，此一對自我生命敘事建構的分析途徑與 Foucault（1984）所言的對「作者功能」（Author Function）進行分析邏輯相符，Foucault 指出，持續地覆誦與跟隨當代文學理論「作者已死」的命題是不足的，我們進一步該做的是繼續「鎖定此一由作者的消逝所清出的空間」以觀察「這一消逝本身所揭露出來的開放通道（Opening）」（Foucault, 1984: 105），在本研究論述的脈絡下，跟隨（高中生）作者的消失而開啟的通道乃由新興補教「裝置」（Apparatus）來介入填補，Foucault 指出，「裝置」乃由多重社會力量取得相互關係後所共同連結而成的系統形構，它「在特定歷史時刻中回應特定的急迫需求（Urgent Need）」並由此「開啟一片全新的理性場域」（Foucault, 1980: 194-195，強調部分為原文所有），這種對「裝置」的分析無法以一般性的分析來進行陳述，而總是要求我們聚焦於歷史中特定的「在地形式或機構」（Author Function, 1984: 96）。

與 Foucault 的理念相符，前面對自我生命敘事建構的討論並非針對無差別的一般性狀況，而是聚焦於特定時刻下的特定社會性場域。此一場域的範圍由個人申請制度對高中生生命敘事建構的要求與新興補教機構在商品化脈絡下對此一要求的承接與回應所構成。本文在此一特定的自我敘事建構場域中辨認出與知識、情感與資本相關的三道力線，它們分別是「科系化自我的要求」、「突襲式焦慮」與「補教機構『教育－商業』雙元性之維持」，而文中所聚焦討論的「自我建構書寫的科系精神鑲嵌」、「內幕性祕密知識的保護性幻見」與「教育資本對『志業』的截獲」則為對作用於場域內之知識、情感與（教育型）資本三道力線的回應，至少在企圖的層次上，這三道回應共同組成了一種台灣在地補教機構應對個人申請制度所欲開啟的新的理性場域，亦即，如中心內部多次會議都提到的，要「扭轉甄試書審口試『只能自己來』的舊有看法」。如果個人申請制度所希望消解的是過去大學聯考的一統化選才方式及學校與傳統補習班所提供的制式化教育，學習顧問中心這一新興補教機器則是台灣補教機構試圖戰略性

地模仿（Mimic）並對抗欲消除它的個人申請制度的嘗試，一種既對抗又寄生於強調個人差異與適才適性精神之個人申請制度上的當代補教轉型。

　　如本文開頭所述，本文的初探性分析描述聚焦於學習顧問中心的「旺季」，亦即，高中生學力測驗完畢後延伸到書審資料製作繳交與口面試階段的兩個月，從上面已經可以看出學習顧問中心所提供的「客製化」服務並不同於過往補教機構的一統化課程教授，它本身就是為了適應台灣各類考試「甄試化」趨勢所延伸出來的新型補習教育。學習顧問中心並不滿足於只在此一旺季時段獲利，此一補教機器的未來方向為推出「會員制」的服務，希望高中學生從高中一年級就加入會員，由學習顧問師替會員從高一就開始就設計未來的高中學涯。顧問中心除了將請學習顧問師幫忙學生補強較弱的學科之外，更將提前確定高中生未來將申請的科系學群並以兩年為期建構整套計畫，以讓高中生在高三進行大學入學申請時繳出適合申請科系的完美學習生涯經歷，這一學涯經歷包括「適合」的營隊經驗、社團參與、小論文寫作、出國經驗、班級幹部歷練、社工服務等等，從這裡我們可以看出，學習顧問中心對高中學生自我建構的介入企圖將不滿足於個人申請時短期的書審資料製作與口試演練的指導，而是希望以此為主要槓桿或施力點倒回頭去覆蓋學生的整個高中生涯，亦即，顧問中心將試圖更深入地與更長久地介入高中生的自我建構工程，如同顧問中心的總經理私下對筆者所言：「如果我們未來能夠做到這種境界，那最後的書審口試指導就不是假的，而是紮紮實實、如假包換的學習生涯經歷了！」。

參考文獻

一、中文文獻

田弘華、田芳華（2008），〈大學多元入學制度下不同入學管道之大一新生特性比較〉，《人文及社會科學集刊》，20（4），頁481-511。

林大森（2010），〈學生選擇多元入學管道因素之探討〉。《教育科學研究期刊》，55（3），頁89-122。

林志勇（2010），《屏東市國小課後補習班與安親課輔班經營策略之研究》。國立屏東大學教育學研究所碩士論文。

邱永富（2002），《補習班之服務品質－以屏東縣某立案補習班為例》。國立中山大學人力資源管理研究所碩士論文。

柯正峰（1989），《升大學補習班學生學習態度，對補習班態度及生活型態之研究》。台灣師範大學社會教育研究所碩士論文。

洪郁年（2010），《國小學童家長選擇補習班因素分析－以林園地區為例》。國立屏東大學教育科技研究所碩士論文。

洪泰雄（2004），《我國大學甄選入學制度及其學生學習成就之探討－以台灣大學為例》。台灣師範大學教育學系在職進修碩士班學位論文。

許綺婷（2001），《探討國三學生對補習班與學校教學的看法及其與基本學測數學科之表現的關係》。國立台灣師範大學科學教育研究所碩士論文。

陳伯軒（2013），《補教業的社會和心理功能－一位補習班老師的民族誌調查》。南華大學傳播學研究所碩士論文。

陳建州、劉正（2004），〈論多元入學方案之教育機會均等性〉，《教育研究集刊》，50（4），頁115-146。

陳蕙芬、李詩涵（2014），〈由大學選才看社會人才培育問題－以台大牙醫系選才機制為例〉。《台灣教育評論月刊》，3（2），頁129-131。

張鈿富、葉連祺、張奕華（2005），〈大學多元入學方案對入學機會之影響〉，《教育政策論壇》，8（2），頁1-24。

謝三寶（2002），《國中小補習班學生家長之市場區隔差異分析》。國立高雄第一科技大學行銷與流通管理研究所碩士論文。

林宗宏等譯（2005），Michael Burawoy 著，《製造甘願》。台北：群學。

尚衡譯（1990），Michel Foucault 著，《性意識史》。台北：桂冠。

劉北成、楊遠嬰譯（1992），Michel Foucault 著，《規訓與懲罰》。台北：桂冠。

二、外文文獻

Brockmeier, J. (2001), From the End to the Beginning: Retrospective Teleology in Autobiography. In Brockmeier, J. and Carbaugh, D. (eds.), *Narrative and Identity*, pp. 247-280. Amsterdam/Philadelphia: John Benjamins Publishing Company.

Evans, D. (1996), *An Introductory Dictionary of Lacanian Psychoanalysis*. London: Routledge.

Foucault, M. (1980), *Power/Knowledge*. New York: Pantheon Books.

Foucault, M. (1984), What is an Author?, In Rabinow, P. (1984) (ed.), *The Foucault Reader*, pp. 101-120. London: Penguin Books.

Goffman, E. (1961), *Encounters: Two Studies in the Sociology of Interaction*. Indianapolis: Bobbs-Merrill.

Heusinkveld, S., and Benders, J. (2005), Contested Commodification: Consultancies and Their Struggle with New Concept Development, *Human Relations*, 58(3): 283-310.

Huczynski, A. (1993), *Management Guru: What Makes Them and How to Become One*. London: Routledge.

Salecl, R. (2004), *On Anxiety*. London and New York: Routledge.

Smith, S., and Watson, J. (2010), *Reading Autobiography: A Guide for Interpreting Life Narrative*. Minneapolis and London: University of Minnesota Press.

Suddaby, R., and Greenwood, R. (2001), Colonizing knowledge: commodification as a dynamic of jurisdictional expansion in professional service firms, *Human Relations*, 54(7): 933-953.

Zizek, S. (1997), *The Plague of Fantasies*. London: Verso.

道教的身體性命觀：
孫不二的修道次第及其文化意涵

王婉甄 *

* 健行科技大學通識教育中心助理教授。

摘要

　　孫不二，自號清靜散人，與其夫馬丹陽同歸化全真道祖師王重陽門下，係全真七子之一，著有《孫不二元君法語》。元世祖賜封「清靜淵真順德真人」，元武宗加封為「清靜淵貞玄虛順化元君」。

　　孫不二是「全真清靜派」創始人，其女丹思想繼承全真道「先性後命」的修煉旨趣，提出清靜修煉的原則。本文將從孫不二著作《孫不二元君法語》入手，探求其丹道原則與命功修煉次第。同時比較全真道北宗男道與女丹對身體論述的異同，進而討論其所呈現的文化意涵。

關鍵字：孫不二、全真清淨派、女丹

壹、前言

　　道教為了超越生命的有限性，提供了對「神仙」與「長生不老」理想的追求，達成的方法即是「丹道」。

　　道教丹道分為外丹與內丹。「外丹」指的是道士以人工冶煉的方式，製造能延年益壽的丹藥服食。漢武帝時已出現煉丹的文獻，如《史記・封禪書》提到方士李少君曾對漢武帝提到海中蓬萊有仙人安期生，食用丹砂、黃金益壽，促使漢武帝「遣方士入海求蓬萊安期生之屬，而事化丹砂諸藥劑為黃金矣。」仙藥當然不可得，只是此風一開，「海上燕齊之間方士更多來言神仙事矣。」根據葛洪《抱朴子・仙藥》所列，丹砂、黃金、白銀、雲母、石英等礦石草木皆可入藥。《抱朴子・金丹》進一步說明：

> 夫金丹之為物，燒之愈久，變化愈妙。黃金入火，百煉不消，
> 埋之，畢天不朽，服此兩物，煉人身體，故能令人不老不死。

　　道士大量冶煉丹藥、服食丹藥，皇室也未能自外此風氣。根據清趙翼《廿二史箚記・唐諸帝多餌丹藥》記載了唐太宗李世民、憲宗李純、穆宗李恒、敬宗李湛、武宗李炎、宣宗李忱諸帝，皆因服食丹藥中毒而死，趙翼喟嘆：「……穆、敬昏愚，其被惑固無足怪，太、憲、武、宣皆英主，何為甘以身殉之？實由貪生之心太甚，而轉以速其死耳！」丹藥的毒性，加上材料昂貴，加速了外丹的消亡，轉向內丹的心性煉養。

　　「內丹」是一種求之於己的修煉功法，至遲在南北朝後期已醞釀發展。自中唐以後，逐漸脫離肉體長生的侷限，借鏡佛教心性修為，轉為精神超越的內丹修煉。宋元時期發展的新道教，[1]皆體現了融通儒、釋的特色。其

1　「三教祖皆生於北宋，而創教於宋南渡後，義不仕金，繫之以宋，從其志也。……三教祖乃別樹新義，聚徒訓眾，非力不食，……不屬以前道教也。」陳垣：《南宋初河北新道教考・目錄》，頁3。案：「三教」指的是全真教、大道教以及太一教。

中由王重陽所創立的全真教，認為仙道種子，人人具有，無須外求。功法上以「明心見性」入手，特別強調煉心：

> 凡降心之道，若常湛然，其心不動，昏昏默默，不見萬物，冥冥杳杳，不內不外，無絲毫念想，此是定心，不可降也。若隨境生心，顛顛倒倒，尋頭覓尾，此名亂心也，速當剪除，不可縱放，敗壞道德，損失性命。[2]

人心躁動感物，心隨物轉，將墮入輪迴，終將滅亡。煉心、定心即是要人勘破世俗種種妄緣幻相，體天道湛然本心。於此基礎之上，「先性後命」為次第，「賓者是命，主者是性」，[3] 亦即要人收心降念，先持「明心見性」對境不染著，心念寂定後，繼之以命功的煉精化氣、煉氣化神、煉神還虛，終至性命雙全、形神俱妙。

全真女道孫不二是「全真清靜派」創始人，以「清靜」為宗，繼承全真道先性後命的修煉旨趣。本文從孫不二著作《孫不二元君法語》入手，探求其丹道原則與命功修煉次第，進而比較全真道北宗男道與女丹對身體論述的異同。

貳、孫不二生平述略

孫不二，自號清靜散人，與其夫馬鈺先後歸化全真道祖師王重陽門下，為全真七子之一。

根據《金蓮正宗記》的記載，金世宗大定七年，王重陽自終南山前往馬鈺家中傳道，馬鈺待之甚厚。王重陽不僅勸化馬鈺棄家從師入道，「一

2　〔金〕王重陽：〈重陽立教十五論‧第八論降心〉，《王重陽集》，頁 277。
3　〔金〕王重陽：〈重陽真人授丹陽二十四訣〉，《王重陽集》，頁 295。

別終南水竹村，家無兒女亦無孫。三千里外尋知友，引入長生不死門」。[4]
也勸度孫不二，「二婆猶自戀家業，家業誰知壞了錢。若是居家常似舊，
馬公無分做神仙」。[5]馬鈺隨即離家求道，自言：「正做迷迷火院人，苦中
受苦更兼辛。偶因得遇通玄妙，豈肯耽家戀富春。」[6]馬鈺更是勸度孫不二
不要耽溺塵俗，應及早勘破諸緣，立志修道：

> 你是何人？我是何人？與伊家，原本無親，都緣媒妁，遂結
> 婚姻。便落癡崖，貪財產，只愁貧。 你也迷塵，我也迷塵，管
> 家緣，火裡燒身。牽伊情意，役我心神。幸遇鳳仙，分頭去，各
> 修真。[7]

又言：

> 奉勸孫姑修大道，時時只把心田掃。殺了三屍并六耗，無煩
> 惱。常清常靜知玄奧。 休問異名爐與灶，沖和上下通顛倒。鉛
> 汞自然成至寶，非常好，霞光簇捧歸蓬島。[8]

當時孫不二並未完全歸信，「乃鎖先生於庵中，百有餘日不與飲食。
開關視之，顏采勝常，方始信奉。」一年後，「始拋三子，竹冠布袍，詣
本州金蓮堂，禮重陽而求度。」[9]王重陽遂賜法名不二，道號清靜散人，授
以道要。是全真七子中唯一一位女性，故稱「元君」。

大定十年，王重陽委蛻登仙，馬丹陽偕同丘處機、劉處玄、譚處端歸

4 〔金〕王重陽：〈重陽教化集〉卷一，《王重陽集》，頁223。
5 〔金〕王重陽：〈重陽分梨十化集〉卷上，《王重陽集》，頁262。
6 〔金〕馬鈺：〈洞玄金玉集〉卷三，《馬鈺集》，頁50。
7 〔金〕馬鈺：〈洞玄金玉集 · 夫婦分離〉卷七，《馬鈺集》，頁99。
8 〔金〕馬鈺：〈漸悟集 · 贈仙姑〉卷上，《馬鈺集》，頁159。
9 〔元〕秦志安：《金蓮正宗記》，《全真七子傳記》，頁385。

葬祖師於終南山。孫不二聞訊，亦趕往祖庭致祭，與馬丹陽相見，同參修煉要旨。後馬丹陽贈孫不二〈煉丹砂〉：「奉報富春姑，休要隨予。而今非婦亦非夫。各自修完真面目，脫免三途。練氣莫教粗，上下寬舒。綿綿似有卻如無。個裡靈童調引動，得赴仙都。」[10] 自此夫妻各別一方。大定十五年，孫不二遊洛陽，居鳳仙洞，從信者甚多。大定二十二年十二月二十九日，孫不二忽然沐浴更衣，並告知弟子壽限已到，「當赴瑤池」，隨即援筆寫下：「三千功滿超三界，跳出陰陽包裹外。隱顯縱橫得自由，醉魂不復歸寧海。」趺坐而化，香氣散漫，竟日不散。「元世祖皇帝封號清靜淵真順德真人，武宗皇帝加封清靜淵真玄虛順化元君。」[11]

　　《孫不二元君法語》是道門中認定為孫不二的著作，內含〈坤道功夫次第〉十四首，〈女工內丹〉詩七首，被視為女修丹經的「上乘者」，[12] 也是本文據以討論的文本。他如《孫不二元君傳述丹道秘書》、[13]《坤訣》、[14]《清靜坤元經》[15] 等，係假託、附會孫不二所作。孫不二法脈稱之為「全真道清靜派」，相較於其他女丹派別未專收女功，此派一人獨修，以「斬赤

10　〔元〕秦志安：《金蓮正宗記》，《全真七子傳記》，頁 385。

11　〔元〕劉志玄、謝西蟾：《金蓮正宗仙源像傳》，《全真七子傳記》，頁 347。

12　蕭天石：《道家養生學概要》，頁 345。「女修丹經，上乘者有：孫不二元君法語坤道功夫次第詩，西王母女修正途十則，泥丸翁女宗雙修寶筏・女功指南九則。……」

13　《孫不二元君傳述丹道祕書》既名「傳述」，應是扶乩托名孫君的作品。內輯有〈玉清胎元內養真經〉、〈玉清無上內景真經〉、〈大道守一寶章〉（又名〈玄珠心鏡〉）、〈守一詩〉，分別由寶神元臺真君、大羅真天元天大聖后紫光天母、衡岳真子與范陽盧陲真姑下傳。

14　題「清靜元君孫不二著，濟一子金谿傅金銓校訂」，無法確認是否為孫不二親撰。

15　《清靜坤元經》形式近似佛教經典。以其內容「爾時，元君在華陽洞天，與諸天延那仙姑，十二溪女，說《坤元妙經》……」判斷，應為扶乩作品。

「龍」為下手之要，陳攖寧稱其「乃正式的女子修煉功夫」。[16]

參、清靜派修真次第

　　道教「順則成人，逆則成仙」的原則，大抵以《道德經》四十二章「道生一，一生二，二生三，三生萬物；萬物負陰而抱陽，沖氣以為和」為理據。簡單來說，人一旦出生墮入形體，面對萬事萬物，人心會產生差別見解，思慮念想，甚至欲望執著，心原來的湛然本體就無法朗現。就命功而言，眼耳鼻舌身也受視聽幻想限制，應酬舉措，形體便無法超脫。心與身皆受物累，有往有來，有生有死，精神與形軀便墮入輪迴無法超拔。由此，煉心是為了顯性，修身是為了保命，煉丹功夫即是性命功夫。清代劉一明以「二重天地」的建立，[17] 綜整了全真教對仙道可成的說法。其以先天世界的永恆靈明，對立後天世界的汙濁生滅。落實在生命發展的軌跡，人未生

16　陳攖寧：〈女子修煉及流派〉，收於蒲團子校輯、張莉瓊整理《女子丹法彙編》，頁5。案：關於女丹流派，大致有「六派」與「七派」的分法。陳攖寧〈女子修煉及流派〉一文，根據修煉方法區分為六派：(1) 中條老姆派，下手先內煉劍術，有法劍與道劍之分。亦稱劍術派。(2) 丹陽諶母派，主張天元神丹的修煉與服食，并符咒劾召。亦稱外金丹派。(3) 南丘魏夫人派，重精思存想，以《黃庭經》為宗。亦稱存思派。(4) 謝自然仙姑派，從辟穀服氣入手。因童女成仙，亦名童女派。(5) 曹文逸真人派，專主清心寡欲、神不外馳、摶氣至柔與元和內運。(6) 孫不二元君派，即太陰煉形法，從斬赤龍著手。也稱清靜派。胡孚琛、呂錫琛〈女金丹述要〉則以可見之女丹道書，綜其源流分為七派，除上開六派外，另增(7)女子雙修派，分為上乘（雙修雙成）、中乘（採陽補陰）、下乘（養陰駐顏）三功夫，稱其丹法為呂祖親傳，亦名呂祖派。見氏著《道學通論》，頁600。

17　〔清〕劉一明〈修真辯難〉提及：「兩重天地，先天後天也。四個陰陽，先天後天陰陽也。先天陰陽以氣言，後天陰陽以質言。先天陰陽，太極中所含之陰陽；後天陰陽，太極中生出之陰陽。金丹大道取其氣，而不取其質，於後天中返先天，故曰：先天大道。」收於《道書十二種》下冊，頁1，總頁123。

身之前存有一點先天虛靈真氣，只是生身之後，順其所生，濁氣漸長，終將死亡。人介於先天與後天的樞紐，既能順其所生，亦可逆而成真，但憑自己的抉擇。

　　孫不二承襲全真教的內丹傳統，寫下〈坤道功夫次第〉十四首，[18] 系統的架構其內丹功法。謹將孫不二內丹次第，配合全真教內丹進程製成下表，方便行文。

性功（先）	命功（後）			
心性煉養	煉己築基	煉精化氣	煉氣化神	煉神還虛
收心、養氣。	行功、斬龍。		養丹、胎息、符火、接藥。	煉神、服食、辟穀、面壁、出神、沖舉。

　　就丹家而言，次第、順序只是方便言說，不可執著。陳攖寧亦提醒：「仙家上乘功夫，簡易圓融，本無先後次第，此詩所謂次第者，就效驗深淺言之耳。若言功夫，則自第一首至第十四首，皆是一氣呵成，不可劃分為十四段落，故須前後統觀，方能得其綱要。」[19]

一、心性煉養

　　全真教自王重陽立教以來，因收攝理學、禪宗對心性的看法，除了鼎爐藥物、精氣神等命功傳統外，也主張識心見性、去情絕欲等，稱之為性功。功夫次第則強調先修性、後修命。以「性功」論，馬鈺曾詢問「何為清靜？」王重陽答：

　　　有內外清靜。內清靜者，心不起雜念；外清靜者，諸塵不然

18　〔金〕孫不二：〈孫不二元君法語・坤道功夫次第〉，《譚處端、劉處玄、王處一、郝大通、孫不二集》，頁449至頁451。下文〈坤道功夫次第〉所引皆同此，將不贅註。

19　陳攖寧：〈孫不二女功內丹次第詩註・凡例〉，《女子丹法彙編》，頁13。

著為清靜也。[20]

　　煉心的功夫在於屏除外境的干擾，謹守體現天道之清靜本心。這樣的功夫必然在行住坐臥間修行，「諸公如要修行，飢來吃飯，睡來闔眼，也莫打坐，也莫學道，只要塵凡事屏除，只心中清靜兩個字，其餘都不是修行。」[21] 馬鈺也以詞贈孫不二：「一則降心滅意，二當絕慮忘機，三須戒說是和非，四莫塵情暫起。五便完全神氣，六持無作無為，七教功行兩無虧，八得超凡出世。」[22] 在在體現丹道的下手處，即是心性煉養。

　　孫不二的〈坤道功夫次第〉也以「收心」、「養氣」為下手功夫。

收心

　　吾身未有日，<u>一氣已先存</u>。似玉磨逾潤，如金煉豈昏。<u>掃空生滅海，固守總持門</u>。半黍虛靈處，融融火候溫。

養氣

　　本是無為始，何期落後天。一聲才出口，三寸已司權。況被塵勞耗，哪堪疾病纏。<u>子肥能益母，休道不迴旋</u>。

　　「一氣」指的是未生身前、鴻濛未判的先天狀態。有了生命、有了身體，便落入後天狀態，塵勞、疾病纏身，勞心勞力，終將滅亡。鑑於此，內丹修煉便是要修道者看清塵世本質，逆運成仙，返回本來面目。「生滅海」，陳攖寧註解為「念頭」，「剎那間，雜念無端而至，忽起忽滅，莫能定止」，[23] 因此下手之初必然要除妄念，使之寂然。此處「迴旋」有逆運、運返的意思，「先天難以捉摸，必從後天功夫下手，方可返到先天。後天

20　〔金〕王重陽：〈重陽真人授丹陽二十四訣〉，《王重陽集》，頁295。
21　〔金〕王重陽：〈重陽教化集〉，《王重陽集》，頁256。
22　〔金〕馬鈺：〈漸悟集〉，《馬鈺集》頁174。
23　陳攖寧：〈孫不二女工內丹次第詩註〉，《陳攖寧仙學精要》，頁72。

氣培養充足，則先天炁自然發生，故曰『子肥益母』。」[24]孫不二將「收心」列為功法的第一則，必然承襲全真教「先性後命」的內丹軌則。

二、性命雙修

內丹修煉是以身體為鼎爐，效天法地。王重陽提到命功修煉時說：「惟一靈是真，肉身四大是假，相借煉假成真，感合為一。」亦即身體肉身只是修煉的憑藉，鍛煉的物質是自家具有，「皆不離陰陽所生，須借父精母血。二物者，為身之本也。」[25]也就是無須攀緣外求，只須回到本心自性，使心不動而身不動，身不動則形軀得定，元神固結。身心不動後，便能體現自然無極之妙道。

（一）煉己築基

「築基」是命功的基礎功夫。就全真教來說，築基功夫首重「靜」。王重陽註解五篇靈文提及：

> 欲先天至陽之炁發現，別無他術，只是一靜之功夫耳。靜工之道，只在去妄念上做功夫。觀一身皆空，寂然不動之中，忽然一點真陽發現，於恍惚之中，若有若無，杳冥之內，難測難窺，非內非外，不知所以然而然者也。[26]

這樣的心靜性定，更是貫串命功修持的重要功夫。「身心大定無為，神炁自然有所為。委志虛無，不可存想，猶如天地之定靜，自然陽升陰降，日往月來，而造萬物也。」[27]

---

24 陳攖寧：〈孫不二女工內丹次第詩註〉，《陳攖寧仙學精要》，頁 74。

25 〔金〕王重陽：〈重陽真人金關玉鎖訣〉，《王重陽集》，頁 281。

26 〔金〕王重陽：〈五篇靈文注〉，《王重陽集》，頁 304。案：五篇靈文分別是〈玉液章〉、〈產藥章〉、〈採藥章〉、〈得藥章〉以及〈溫養章〉。

27 〔金〕王重陽：〈五篇靈文注〉，《王重陽集》，頁 307。

蕭天石論及女丹修煉言：「女工下手，必先靜坐。垂簾塞兌，凝神入氣穴（中田），以收心養氣，止念調心，務期息定神清，然後興工斬龍。」[28]正如孫不二內丹功夫次第中的第三步驟「行功」的前半段：

行功

　　斂息凝神處，東方生氣來。萬緣都不著，一氣復歸臺。陰象宜前降，陽光許後栽。山頭并海底，雨過一聲雷。

　　「斂息凝神」即收斂呼吸，心性凝定而不動，使得塵緣外物不染不動。詩中所謂「臺」即是靈臺方寸，指心。心靜定寂靜，方可利用呼吸升降，運轉藥物，結成金丹。依據丹道火候運用，自前而降稱作「退陰符」，也稱「文火」，指緩而徐的呼吸；自後而升的是「進陽火」，也稱「武烹」，指短而促的呼吸。後兩句則女丹修煉專用，「山頭喻兩乳及膻中部位，海底喻子宮血海部位，雨喻陰氣，雷喻陽氣」，指的是火候推移過程，血海中有氣上沖於兩乳之間，正是丹家所謂「活子時」。[29]本詩後半段，已進入煉精化氣階段。

（二）煉精化氣

　　煉精化氣就是修煉體內的物質一元精，利用火候（呼吸），沿著任督二脈的周天運行，運入丹田，達到神氣合一的功法，也稱做「小周天」、「初關」等。精氣神等名稱於丹程中有階段前後，實則無所差別。前已論及，全真教肯認自性成道，「陰陽須在自身中參會，坎離須在自身中交媾，鉛汞須在自身中抽添，藥物須在自身中採取，神炁須在自身中鍊養，火符

28　蕭天石：《道家養生學概要・談女子丹法》，頁 344。

29　陳攖寧：〈孫不二女工內丹次第詩註〉，《陳攖寧仙學精要》，頁 76。案：陳攖寧認為「女功修煉，欲求到此地步，必在月經斷絕之後。而孫詩所云，乃在斬龍之前，恐難得此效。」

須在自身中生用，以至過關服食、結胎脫胎，了當虛無，無不盡集一身。」[30]

孫不二亦主張在自體中修煉，只是男女身體結構的差異，功法稍有不同。王重陽修道的清靜功法時提到：「若論真清靜者，眼內無淚，鼻內無膿，口內無唾，不煉大小便，<u>男子養精，女子定血</u>，萬邪歸正，萬病不生方可，是丹田清靜。」[31] 已將男丹、女丹根本差異點出。孫不二則進一步闡述：

斬龍

靜極能生動，陰陽相與模。風中擒玉虎，月裡捉金烏。著眼絪縕候，留心順逆途。鵲橋重過處，丹氣復歸爐。

「斬龍」是女丹所獨有。龍即指女子月信，「斬龍」即煉斷月信，使之永不復行。根據陳攖寧的註解，「風」指人的呼吸；「月」在性功指「一念不生時」，命功則指「先天陽氣發動時」。待此徵候出現（絪縕候），便得利用火候推遷，將丹從下鵲橋（尾閭、會陰間）轉上夾脊、玉枕、泥丸，再由上鵲橋（印堂、山根裡）轉下十二重樓，還歸元海。[32] 清代道士劉一明更清楚的說明「斬赤脈」功夫：「赤脈本身後天之陰氣所化，陰氣動而濁血流。欲化其血，先煅其氣，氣化而血返於上，入於乳房，以赤變白，周流一身，自無慾火炎灶之患。慾火消而真火出，從此穩穩當當，平平順順，保命全形，自不難耳。」[33]

（三）煉氣化神

煉氣化神也稱作中關、大周天。此階段的原理與「煉精化氣」相同，

30　蕭天石：《道家養生學概論‧北派修真要旨》，頁108。

31　〔金〕王重陽：〈重陽真人金關玉鎖訣〉，《王重陽集》，頁281。

32　註解原文可見陳攖寧：〈孫不二女工內丹次第詩註〉，《陳攖寧仙學精要》，頁78至頁79。

33　〔清〕劉一明：〈修真辯難〉卷上，《精印道書十二種》，頁10，總頁141。

不同的是，本階段是神、氣合煉，結聖胎，歸於純陽之體。就女丹而言，前一階段已將赤血煉為白鳳，此白鳳煉化成炁，即為女子內丹。內丹凝結後，便要以綿綿不息的火候溫養、護守。孫不二以「養丹」、「胎息」、「符火」、「接藥」四階段形容之：

養丹

> 縛虎歸真穴，牽龍漸益丹。<u>性須澄似水，心欲靜如山</u>。調息收金鼎，安神守玉關。日能增黍米，鶴髮復朱顏。

以女丹來說，「真穴」是指中丹田，即雙乳之間。將丹藥採入丹田後，必使心性不亂，致虛靜篤。再輔以綿綿不息之呼吸為火候，武火推升，文火溫養，避免丹藥散失。

胎息

> 要得丹成速，先將幻境除。心心守靈藥，息息返乾初。炁復通三島，<u>神忘合太虛</u>。若來與若去，無處不真如。

勘破世間一切幻境，是學道之初已然具備的基礎條件。此處所謂幻境，則指凝神歛息過程中的種種幻象，[34] 一併掃除，回到虛空妙有、心無生滅的本然狀態，即「無處不真如」。

符火

> 胎息綿綿處，須分動靜機。陽光當益進，陰魄要防飛。潭裡

---

34 「乃身中陰魔乘機竊發之種種景象：或動人愛戀，或使人恐怖，或起嗔恨，或感悲傷，或令人誤認為神通，或引人錯走入邪路等。甚至神識昏迷，自殘肢體，偶有見聞，妄稱遇聖。凡此等皆類，皆是幻境，必宜掃除。」陳攖寧：〈孫不二女工內丹次第詩註〉，《陳攖寧仙學精要》，頁81。

珠含景，山頭月吐輝；六時休少縱，灌溉藥苗肥。

在未結丹之前，火候推遷必須貫串內丹功法的各個階段。此處的動，即陽光，是武火烹煉之機；反之，靜指陰魄，文火溫養之時，防其躁動不安。本詩第五句、第六句，專指女丹功法。潭喻血海子宮，山喻乳房膻中。「曰潭裡，曰含景，言其靜而深藏；曰山頭，曰吐輝，言其動而顯出之機。」[35] 在此動靜之間，念不起，意不散，勿使火候中斷不連貫。

接藥

一半玄機悟，丹頭如露凝。雖云能固命，安得煉成形。鼻觀純陽接，神鉛透體靈。哺含須慎重，完滿即飛騰。

至此階段，丹道功夫已完成一半。換言之，精氣神已固守，得以長生，但尚未到達成仙飛升的階段。因此溫養火候更要敬謹持守，真息綿綿，含光默默，如同哺育嬰兒般，護持靈胎，等候大藥完滿之時。

（四）煉神還虛

煉神還虛是丹法的最高境界，也是最後階段，又稱上關、九年關。此一階段當時時防危慮險，勤看守，勿使稍有差池，才能脫胎登仙。此階段以性功為主，虛其心，靜其身，真息調節源源不絕，進而神虛兩忘，復歸太極。孫不二以「煉神」、「服食」、「辟穀」、「面壁」、「出神」與「沖舉」六段加以說明。

煉神

生前舍利子，一旦入吾懷。慎似持盈器，柔如撫幼孩。地門

---

35 陳攖寧：〈孫不二女工內丹次第詩註〉，《陳攖寧仙學精要》，頁83。

須固閉，天關要先開。洗濯黃芽淨，山頭震地雷。

本詩再次強調真息持守的重要性。丹道修煉最忌精氣下瀉，故言「地門須固閉」，固守下關竅，勿使洩漏。黃芽，是大丹的別名。「洗濯之作用，不外乎靜定。凡丹道小靜之後，必有小動；大靜之後，必有大動。其靜定之力愈深，則震動之效愈大。」[36] 只是效驗因人而異，無法一以蓋之。

服食

大冶成山澤，中含造化情。朝迎日烏炁，夜吸月蟾精。<u>時候丹能采，年華體自輕</u>。元神來往處，萬竅發光明。

辟穀

既得餐靈氣，清冷肺腑奇。<u>忘神無相著，合極有空離</u>。朝食尋山芋，昏饑採澤芝。若將煙火混，體不履瑤池。

功夫發展到此階段，與天地會通，融成一片。採藥時候，也能自己感悟，無須執著。採得大藥後，因靈氣充滿，自然斷絕飲食。終至「忘神不著色相，合極不落頑空」，[37] 形神兩忘，以虛合道。

面壁

萬事皆云畢，<u>凝然坐小龕</u>。輕身乘紫炁，靜性濯清潭。炁混陰陽一，神同天地三。功完朝玉闕，長嘯出煙嵐。

出神

身外復有身，非關幻術成。圓通此靈炁，活潑一元神。皓月凝金液，青蓮煉玉真。烹來烏兔髓，珠皎不愁貧。

---

36 陳攖寧：〈孫不二女工內丹次第詩註〉，《陳攖寧仙學精要》，頁87。
37 陳攖寧：〈孫不二女工內丹次第詩註〉，《陳攖寧仙學精要》，頁90。

沖舉

　　佳期方出谷，咫尺上神霄。玉女驂青鳳，金童獻絳桃。花前
彈錦瑟，月下弄瓊簫。一旦仙凡隔，冷然度海潮。

　　煉丹至此，不僅斷食，還得選擇深山石洞，或結茅屋，居此面壁體道，
感受丹成完滿之各種異相、徵候，等待沖舉的時機。吉日良辰一到，陽神
會在白日飛昇，自此仙凡兩隔，徹底斷絕塵世紛擾、輪迴苦惱，登真仙境，
功成完滿。

　　總上，孫不二承繼全真教「先性後命」、「性命雙修」的功法理路，
完整建構女丹的修煉次第。就功法的心性煉養、煉己築基、周天火候、丹
成飛升等，大抵與其他全真仙真無異，所不同的是男女身體構造的差異，
讓孫不二在「斬赤龍」、「守中田」等命功環節，有更多的著墨。

肆、結論

　　歷代出現了許多著名的女丹修煉者，如三國諶姆、晉朝魏華陽夫人、
唐朝謝自然與何仙姑、宋朝曹文逸，乃至於金元時期的孫不二，但整體而
言，女真的數量遠不如男道。

　　清代道士劉一明記載著這樣一段對話：

　　問曰：大道不分男女，何以男女有分別？答曰：其道則同，
其用則異。蓋以秉性不同，形體有別，故同一性命之道，而行持
作用大不同也。[38]

38　〔清〕劉一明：〈修真辯難〉卷上，《精印道書十二種》，頁 10，總頁 141。

　　無論男道女真，其所體現的大道是相同的。只是因為男女身體特徵的差異，使得修煉方法有所不同。證之孫不二的〈坤道功夫次第〉，其所建立的功法架構、丹成效驗，除了〈行功〉末二句「山頭并海底，雨過一聲雷」、〈養丹〉首二句「縛虎歸真穴，牽龍漸益丹」、〈符火〉五六句「潭裡珠含景，山頭月吐輝」指涉的關竅位置，以及〈斬龍〉指煉斷女子月信，為女丹獨用外，其餘功法與其他全真仙真無異。蕭天石對男女下手功法的不同，有精當的分析：

> ……至其修鍊下手，女功與男功，此則不可不知。<u>男功下手，先守下田</u>；<u>女功則宜先守中田</u>，即兩乳中間心窩上之空竅也。<u>男以精為本，故其功首重先降白虎</u>；<u>女以血為本，故其功重斬赤龍</u>；此為初功分別之處。[39]

　　亦即男女身體有別，下手處有異，功法體現之境界則無不同。事實上，道教內丹功法不只男女有別，同是女丹，因為年齡與婚嫁的不同，其修道內容也有所調整。如童女修煉，「可免去築基一段功夫，直接從辟穀服氣入手，或從清靜無為、安神靜坐入手」。若是中婦修煉，因為家庭生活的維持，對子女的撫養等，根本無暇顧及修道。除非夫妻同時立志修道，「則可互約免除人事，各做功夫。」[40] 援此可證，內丹功夫會因修道者的身體表徵不同，產生不同功法，卻不會因為性別本身，排除其修道可能。

　　推估女真較少的原因，可能來自於傳統社會對女人從屬地位的限制。如同為修道，男子可以雲遊訪師，但是「婦女修行，不可入山遠離，只可近處靜室安身，或枯廟閉關假裝拜經，或富貴之家總有深房靜室，或用一二人護法，不可彰揚。」[41] 加以女子識字、著述，遠不如男道，致使歷史上留名的女性修道者，數量遠不如男道。

39　蕭天石：《道家養生學概要》，頁343。
40　相關論述可見陳攖寧〈女子修煉及流派〉，《道家內丹經典精講》，頁85至頁102。
41　〔清〕李昌仁：《玄妙鏡・婦女修行論十八》，《藏外道書》26冊，頁395。

參考文獻

一、古典文獻

〔金〕王重陽著，白如祥輯校：《王重陽集》，濟南：齊魯書社，2006 年。

〔金〕馬鈺著，趙衛東輯校：《馬鈺集》，濟南：齊魯書社，2006 年。

〔金〕譚處端等著，白如祥輯校：《譚處端、劉處玄、王處一、郝大通、孫不二集》，濟南：齊魯書社，2006 年。

〔清〕李昌仁：《玄妙鏡》，《藏外道書》26 冊，成都：巴蜀書社，1992 年。

〔清〕劉一明著：《精印道書十二種》，台北：新文豐，1994 年。

二、中文文獻

孔德（2014），《道家內丹經典精講》，北京：中央編譯出版社。

白如祥（2012），〈孫不二的女丹思想簡論〉，《經濟與社會發展》，第 12 期，頁 115-117

林世田等（1999），《全真七子傳記》，北京：宗教文化出版社。

胡孚琛、呂錫琛（1999），《道學通論》，北京：社會科學文獻。

胡海牙、胡國忠主編（2009），《陳攖寧仙學精要》上下冊，北京：宗教文化出版社。

張興發（2004），《道教內丹修煉》，北京：宗教文化出版社。

陳垣（1989），《南宋初河北新道教考》，北京：中華書局。

蒲團子校輯、張莉瓊整理（2005），《女子丹法彙編》，北京：中醫古籍出版社。

蕭天石（1994），《道家養生學概要》，台北：自由。

戴楨著（2009），〈孫不二的女丹功法淺述〉，《宗教學研究》，第 1 期，頁 163-165。

凝視下的原住民靈魂：
談原住民文化創意的可能性

黃馨慧[*]

*　台灣師範大學僑生先修部兼任助理教授。

摘要

　　文化乃是透過價值、規範對於社會具有約束力，讓社會秩序能夠和諧運作。社會學者包曼指出，文化的終極目標乃是建立霸權，透過文化霸權的建立，當權者得以此模式影響其統治範圍內，諸多的生活型態的一致性、可預測性。並在此一範疇中，樹立我族文化與他族文化的差異，因此，文化本質上便具有強調某一種精神思維方式或者物質生活模式是優於其他模式的，文化霸權便以此特性，試圖以自身之優越，無形中號召他人的跟隨。

　　每個民族對於自身的悠久文化或多或少都會帶有部分優越感，當民族或種族對於自身的卓越感越大時，便越容易對其他民族文化採取不友善、排擠的態度與評斷，例如：台灣早年漢人對於本島原住民以「番仔」戲稱，認為原住民文化是不文明、野蠻、殘暴不智的象徵，因此台灣歷來的統治政府皆對原住民族群施予同化政策，將自身漢民族的文化或者日本的皇民文化強制灌輸於原住民社群中，最後引起原住民的反抗。然而在各族群的文化中，原住民族獨特的熱情與充滿魅力的文化，可說是台灣大地的瑰寶。

　　本文將探討原住民在主流文化下，如何建構屬於台灣原住民族文化特色，以做為全球化下識別的符碼，以發展原住民族文化創意產業的目的，整合原住民族智慧與文化藝術生命力，將其應用於產業發展以因應全球化之挑戰。

關鍵字：原住民、文化創意產業、第四波

壹、前言

　　台灣是個多族群、多元文化的社會，居住著各種族群，族群間彼此交融。原住民原本廣居於台灣各地，然而，由於不斷有外來者以武力及強勢的文化入侵，原住民開始經歷不同的挑戰，也產生了許多的改變。長久以來，原住民在外族的壓迫下，一直是社會中的弱勢族群、少數人口。隨著時代的變遷，原住民的生活亦日漸受到影響，原本依靠狩獵、農耕為生的生活形態，在社會變遷的發展下逐漸無法再支應原住民的生活，久居於山地部落的原住民為了生計，開始逐漸朝平地移動，在民國 60 年以後，更是大量的朝都市移動，形成一股潮流。然而，我們卻也發現，原住民遷徙到都市後，礙於個人能力與條件上的限制以及社會的歧視，原住民的生活雖獲得改善，但仍極為艱辛。

　　在美國的都市社會中，同樣亦存在著一群弱勢族群，其困境的產生與美國社會的變遷有密切的關連，由於產業結構的轉型，一群自南方遷徙到北方都會區的黑人，因無法配合產業的轉變，而面臨了嚴重的失業及貧窮問題，亦因此而產生了不少的問題。

　　繼第三波「資訊產業」經濟後，文化創意產業被視為「第四波」經濟動力；特別是金融海嘯後，全球華人的經濟影響力受到矚目，靠的不再只是經濟實力，而是各國文化的創造力，亦即價值觀，是文化特色，也是生活方式的顯現。文創產業之發展，是在地而深耕且獨一無二的。2009 年 5月 14 日「創意台灣—文化創意產業發展方案」獲行政院院會通過，執行期程為 2009 年至 2013 年，經費約在新台幣 300 億元，預期在 4 年內創造上兆元產值。主要係針對台灣當前發展文化創意產業發展之優勢、潛力、困境及產業需求，提出推動策略，期能達到以台灣為基地，拓展華文市場，進軍國際，打造台灣成為亞太文化創意產業匯流中心之願景（吳思華，2003：6）。

　　原住民本身擁有多元的文化特色，是目前最具備發展人文及生態旅遊潛力的選擇地點，但其涉及地方環境的保護，更涉及文化的保存，使得原住民部落於發展產業及觀光時增加了文化向度的思考。此外為因應全球化、標準化及高科技的浪潮，原住民族必須運用其所擁有之優勢，發展具特色的在地經濟，以提升產業競爭力。若能運用原住民地區的人、文、地、產、景等資源為基礎，輔導原鄉地區中、小、微型企業或社區產業發展成具歷史性、文化性或獨特性之地方產業，此即是反映全球化與在地化的雙軸發展趨勢之「在地化」，藉由對原住民族在地型地方特色及傳統產業提供適度政策資源，促進地方特色發展及產業升級、累積文化涵量，進而提高經營能量，相信定能提高原鄉經濟效益、增加在地就業機會及提升整體生活品質。我國文化創意產業已經蓬勃發展，文化創意產業是政府認為屬於前瞻性的六大新興產業項目之一，所以非常值得在原住民族地區推廣。

貳、問題意識

　　本文研究的動機在於如何將台灣原住民獨特文化運用創意發揮在產業上，藉由創新文化產品設計的表現，將台灣原住民的獨特文化行銷出去，融入社會大眾生活之中。其研究目的為：

1.讓原住民將自己的文化背景與故事元素融入產品之中，促進在地就業機會。

2. 發揮創意設計出獨特產業，促進原民經濟。

3.使原住民能具有介紹自己部落歷史文化之能力及自我創作理念論述之能力。

4. 將經營行銷觀念帶入部落，使部落增加更多的觀光商機與契機。

參、形塑台灣文化創意產業的關鍵

　　文建會在 1995 年「文化產業研討會」中首先提出「文化產業化、產業文化化」之構想，此一「文化產業」概念，隨後成為我國「社區總體營造」的核心。在全球化與科技化兩股力量的推進下，全球新經濟型態已轉變為以創新為主之知識經濟型態，「全球思考、在地行動」更成為 21 世紀之主流思維，政府為貼近此一脈動，因此於 2002 年正式將「文化創意產業」這項「文化軟體」列為「挑戰 2008 －國家發展重點計畫」其中一項，文化創意產業發展計畫，期待藉由結合藝術創作和商業機制，以創造具本土文化特色之產品，藉以增強人民的文化認同與增加產業的附加價值（行政院文化建設委員會，2004：125）。

　　2003 年 3 月及 7 月，由經濟部、教育部、新聞局及文建會共同組成跨部會「文化創意產業推動小組」第 2、3 次委員會議決議，確立了台灣文化創意產業的定義和範疇，大體上係基於以下的特性而列入考量：

1. 就業人數多或參與人數多。

2. 產值大或關聯效益高。

3. 成長潛力大。

4. 原創性高或創新性高。

5. 附加價值高。

　　我們將文化創意產業定義為「源自創意與文化積累，透過智慧財產的形成與運用，具有創造財富與就業機會潛力，並促進整體生活環境提昇的行業」（Scott and Celia, 2007: 103）。這個定義參考了英國與聯合國對於文化創意產業的定義，英國政府的創意產業（Creative Industries）政策，

是目前國際間產業別架構最完整的文化政策，定義是：「創意產業起源於個人的創造力、技能和才華，透過產生與開發為智慧財產權後，具有開創財富和就業機會的潛力。（Barkin, 2010: 16-17）」而聯合國教科文組織關於文化產業（Cultural Industries）的定義是：「結合創作、生產與商業的內容，同時這內容在本質上，是具有無形資產與文化概念的特性，並獲得智慧財產權的保護，而以產品或服務的形式來呈現。（行政院文化建設委員會，2004：125-126）」而根據「文化創意產業發展法」的定義，共計有視覺藝術產業等 16 項產業，被政府列入扶植的文化創意產業類別。

所謂的文化創意產業，最簡單的定義就是：「用文化來做生意」、「用文化來賺錢」，若我們再深層的思考，何謂「文化」？何謂「台灣的文化」？原住民族的文化範疇，應該沒有人會反對列入台灣文化範疇之中，而最能代表台灣的文化特色中，我們認為原住民族文化也能名列前幾名。發展原住民族文化創意產業，除了是形塑台灣文化創意產業的關鍵外，更是彰顯台灣發展文化創意產業之特色，而有別於其他華人世界之國家及地區。

在歷史的演變當中，原住民不受任何人的管轄，也不屈服於任何的政治權力之下，不受外界所影響，原因可能是各個不同的種族、部族各自擁有他們創世紀的神話傳說，每個都以自我為中心，因此蔑視自己以外的種族（鈴木質，1992）。雖然原住民文化也在強勢族群的遷移與墾殖下，發生劇烈的變遷與日漸式微，但究其根本，實與客家文化一樣，為台灣多元文化體系中相當具有代表性特色的文化之一，應適當地維護與善加利用。

從國外的原住民文化產業推動上來看，澳洲政府也在 1994 年公布了名為「創意之國」（Creative Nation）文化政策，彰顯澳洲的原住民文化；2009 年澳洲文化部長彼得蓋瑞特（Peter Garrett）已經宣布新的補助藝術家計畫，除了包括資助澳洲原住民藝術家，提高原住民就業率，編列預算930 萬澳幣將透過國家藝術工藝產業補助計畫資助原住民藝術領域（國家文化藝術基金會，2009）。可見國際間已將原住民文化有計畫地與文化創

意產業做聯結與扶植了。

　　而在台灣方面，行政院推動原住民文化產業已行之有年，原住民委員會執行行政院挑戰 2008：國家發展六年計劃－新故鄉社區營造－原住民新部落運動，乃訂立部落社區產業發展六年計劃，自 2002 年度起開始（黃煌雄、黃勤鎮，2005）。發展原住民文化產業的用意在維護原住民傳統文化之外，也創造就業機會。在原住民的技藝方面，由於交通的發達，原住民瞭解到時間與勞力的花費不能和價值成正比，導致無人願意學習此項技藝，因此某些手工藝品也沒有人願意做。在推行原住民文化產業的同時，政府已將經費投入文化產業裡，輔導部落工藝坊之設立，舉辦各種研習輔導。

一、台灣原住民族發展概況

　　南島語系的台灣原住民族在其社會結構與祭典儀式，都較台灣的漢民族豐富且多元（胡台麗，2007：2）。台灣原住民族經歷戰爭、遷徙、被殖民後，隨著時代喚醒族群意識，各族群努力向政府單位爭取屬於獨立代表的名稱與權利。台灣原住民逐年抗爭或取應有權力的表徵，從漢民族對其稱呼的演化即可看出堅決的毅力並且顯見原住民在台灣社會結構下的地位愈趨重要與被重視。明朝中葉以來稱之為「蕃」，荷據以後稱為「土番」，民國後成為山胞後來才稱「原住民」（潘英，1998）。 1991 年 6 月國大代表修憲成功將「原住民」改為「原住民族」（公共電視台，2006）。目前，經台灣政府認定的原住民族有：阿美族、泰雅族、排灣族、布農族、卑南族、魯凱族、鄒族、賽夏族、雅美族、邵族、噶瑪蘭族、太魯閣族以及撒奇萊雅族及賽德克、拉阿魯哇、卡那卡那富等 16 族，各族群擁有自己的文化、語言、風俗習慣和社會結構，對台灣而言，原住民族是歷史與文化的重要根源，也是獨一無二的美麗瑰寶。

二、台灣原住民族文化發展現況

　　台灣近年因高科技發展而使經濟與各國日趨緊密，在「全球意識」的影響下，世界各地卻也呈現本土化的相對趨勢，台灣亦然，顯見本土化的欲望高漲，振復傳統的意識越強（陳士章，2005）。在逐年增強的本土化、在地化聲浪中，政府與民間單位不斷呼籲將具有台灣特色的傳統產業與原住民族文化的發展擴張，使其升上國際舞台，鞏固台灣文化的國際地位。同時，在大眾重視文化消費的當今時代，過去依存於社會傳統的文化活動落入文化保存與生計維持的兩難狀況，得以減緩衝擊性之破壞以及拓展保存範圍，讓原住民文化的保存有喘息的空間與時間來思考對策以應變。因此，政府開始重視多元文化共存的重要性，無論在國家文化政策上的推動與憲法增修條文中關於原住民族保障之制定，並與原住民族簽訂新夥伴關係之協定，或在媒體時健全上成立原住民族電視台等。在各族群全力爭取民族權利以及全球原住民族意識覺醒，有關民族權利等論點不斷被闡述，台灣原住民族逐漸在國家中取得保障與地位，其文化也獲得維護與保存。在全球推動以及所定義文化創意產業的範疇下，陳士章（2005）提出台灣原住民族可發展的文化創意產業範疇，如表 1 所示。其顯現台灣原住民族文化可具體發展的多樣性，文化觀光、創意生活與生態旅遊在文化與自然環境結合的情況下，亦得以深入發展。台灣原住民族文化發展於台灣所欲爭取的國際知名度、文化藝術價值、商業價值等綜合機會點上，更顯重要。

　　順著文化創意產業的推動，多元且各具特色的台灣原住民族文化亦然是發展上的強力優勢，文化藝術一向是原住民族宣揚其文化的核心重點。而追溯台灣原住民族在藝術上的本質，林建成（2002：69）以多元視角出發，認為要瞭解原住民族文化藝術，必須擺脫長期設立的框架，探求根源與文化表徵背後的意涵，加以現代知識配合，才有實質上的意義。以台灣原住民族文化為主的活動節慶之規劃設計，也該以文化為本深入瞭解其意涵後，在將之帶入活動中，使參與者更能認同其參與價值並宣揚、推

廣，活動的舉辦也更具有多重與實際發揮功效的意義（黃曼莉，2011：89-90）。

表1 台灣原住民族可發展的文化創意產業範疇

	類別數	視覺藝術	表演藝術	工藝	設計	時尚設計	出版	廣播電視	電影	廣告	文化設施	軟體電腦服務	互動休閒軟體	其他
聯合國教科文組織	12	◎	◎	◎	◎		◎		◎	◎		◎		文化觀光、運動
經濟部文化創意產業推動小組決議	13	◎	◎	◎	◎	◎		◎	◎	◎	◎		◎	
台灣原住民族可發展文化創意產業	13	◎	◎	◎	◎	◎	◎	◎	◎	◎	◎	◎		

肆、台灣原住民族文化發展危機

就世界潮流而言，弱勢族群文化危機為社會文化發展之自然現象，需建立機制扶助，否則將會失去其文化差異本質。相較於整體台灣社會而言，為少數民族的台灣原住民族則成為弱勢族群，而當今台灣原住民族文化發展困境甚多，如在國民教育施政下間接促使母語的流失、因應社會變遷，強勢文化的介入，造成文化傳承與維持生計失衡，傳統文化消失或變質、

社會價值觀的改變、自然人文景觀的沒落等。除此之外，劉映晨（2004：
121-125）從研究資料中歸納出，台灣原住民族正面臨三種層面的認同危
機：主流文化的融合，如宗教介入傳統信仰逐漸被淡忘、傳統社會組織與
制度瓦解，如排灣族的貴族制度幾乎名存實亡與原住民族失去族群地位導
致文化式微。早期國民政府實行「土地化」、「漢化政策」，成為台灣原
住民族部分傳統消失之主因，尤其傳統祭典文化消褪最為嚴重。 1930 年
代以來台灣原住民族的傳統祭典儀式，在大量外力無論是宗教或政府的介
入下與生態環境之轉變，於形式或者內涵上皆有相對程度的變遷，如二次
大戰後基督教傳入，魯凱族的傳統年祭演變為以「運動會」為主的「豐年
節」，所欲傳達的精神內涵已難呈現，而部分族群並將之轉化或致力振復、
創發（胡台麗，2007）。祭典是族群文化的精隨（王煒昶，2004），是人
與天地、神靈、人溝通之印記，也是文化傳承的具體表徵，使文化延續並
凝聚族群認同、歸屬。胡台麗與劉斌雄主持「台灣土著祭儀及歌舞民俗活
動之研究」，瞭解台灣原住民族各地祭儀在該聚落間的變遷情況。整理後
發現，生計活動祭儀保持最多的有卑南族、鄒族、達悟族、賽夏族，其次
為排灣族，幾近全部消失者為布農族、阿美族、魯凱族、泰雅族等。

　　近年來儀式發展的特質與趨勢，在外力的影響下，某些導向有正面鼓
舞原住民族文化創發之作用，某些則產生不良後果。原住民族文化權利在
協助與介入其文化活動規劃時，需尊重其文化之特性與完整性，避免破壞、
扭曲所欲傳達之意義，而原住民族自身的反省、重視與呼籲，更是原住民
族祭典儀式有意義傳承、存續的最佳動力。而近代，台灣原住民族一連串
的抗爭活動中，其針對議題如族群認同、還我土地、正名、反對國家公園
等，縱使政府因此正視原住民族的呼聲與訴求，但多流於政治與權利上的
單一事件訴求，未見於對於整體文化之規劃發展有具體動作。雖然主權與
族群認同的爭取相當重要，但文化的根基亦然為鞏固的主軸，少數且獨一
無二的原住民族文化，在多元社會融入的現今更顯其脆弱與易流失的特
性。在爭取權利運動的同時，亦多該在文化的振興與保護上多下功夫，使

其得以永續發展。否則，文化的褪失將使文化發展願景落為空談，更遑論文化與創意產業等建設措施之實施。

伍、帶動台灣原住民族發展的契機

一、從客家文化創意產業看原住民

不論從失業率、教育、工作或收入及家庭總收支的各項資料來分析，台灣原住民族在經濟表現的發展，都呈現相對弱勢，雖然都市原住民族普遍來看，經濟能力及就業表現都優於原鄉地區的族人（章英華、林季平、劉千嘉，2010：106），但是若比較兩者在城市與鄉村的一定生活開銷後，都市原住民族在城市生活亦不輕鬆。

在台灣，發展族群文化特色的文化創意產業，筆者認為以客家族群最為顯著。每年舉辦的「油桐花季」、「創意商品」及各地已經發展出的客家文化創意產業，如三義木雕、大湖酒庄等，每年大幅成長的產業收益，不但改善民眾的經濟生活，透過文化創意產業來提振客家文化，更收到「以文化創造價值、以產業復振文化」的雙贏空間。發展文化創意產業，在客家族群上我們看到成功的案例，但是成功背後所付出的努力，以及每一項環節的配合，才有可能有具體成效。以目前台灣原住民族文化創意產業發展上，面臨到行銷與生產，下游的包裝與宣傳，以及產業鏈的結合與設計人才等等問題，原住民族文化創意產業似乎還有一條很長的路要走。

雖然，在發展文化創業產業上，原住民族需要更多的努力及付出，但是因為五都改制後，對於都市原住民族在發展文化創意產業，卻帶來一線曙光。由於腹地的擴大及行政機關的改隸，新都市原民，過去在原鄉的產業，得以更便利及單純地與市場結合，龐大的消費群及政府的重視，都市

原住民文化創意產業增加了曝光空間，在改制前已經習慣商業運作的舊都市原民，更可以成為都市人及新都市原民兩者的媒介，行銷、包裝、經營甚至設計，都因為城市中的人才濟濟，找出迎刃而解的辦法，經由發展都市原住民族文化創意產業，帶動整體原住民族之發展，不失為原住民族發展的新契機。

二、原住民族文創產業之發展剖析

　　由於文創產業的異軍突起，具有文化多元性的原住民族文化，在現今的台灣社會很容易與文創連上關係，因此近幾年來，有關原住民族之文化產業，或多或少就必須與文創連在一起，甚至是被強迫一定要跟文創扯上邊。相較於原鄉部落的文創產業發展，都市原住民族的文創產業，目前還無法聚焦在哪些產業可以稱為文創產業，以《海角七號》一片走紅的排灣族琉璃珠為例，獲益最深的商家，還是位在屏東山地門鄉的「蜻蜓雅築」，即便目前都會區有許多販賣琉璃珠的原住民店家，依舊無法消除旅客去蜻蜓雅築朝聖的熱情。以文創產業作為基準，筆者認為，目前都市原住民族文創產業尚在萌芽階段，雖然都市的商業性及消費力相較鄉村強大，但是不可諱言地，作為「產業」的標準，原住民文創產業依舊無法突破；再者，我們發現，原住民族文創政策，尚未脫離舊有的思維，舉例來說，原住民族文創產業政策，始終擺脫不了在既有的文化產業打轉，這種認為只要把原住民族文化產業「升格」文創產業的觀念無法打破，如此一來，一定會有極大的侷限性。因此，筆者研究原住民的優勢與困境後做出下列分析，請見表 2：

表2 原住民文化創意產品的 SOWT 分析

S（優勢）	W（劣勢）
1.商品具台灣特色且多樣性與獨創性。 2.手工製作精美且具有故事性。 3.原住民特色產品具創意獨特。 4.已申請智慧財產權的保護。 5.公部門輔導創業。 6.搭配歌舞表演，有助於凝聚人氣。	1.唯一門市據點。 2.商品製作成本高，且製作時間較長，商品價格偏高，顧客接受度較低。 3.缺少商品主動行銷推廣活動。 4.缺乏外語簡介與說明，無法有效吸引外國觀光客。 5.市場開發不易，市場占有率低。 6.原物料成本增加的壓力無法完全轉嫁給消費者。 7.缺乏網路行銷。 8.商品包裝不夠精緻，說明不夠清楚。
O（機會）	**T（威脅）**
1.文化創意產業受到政府重視。 2.教育部鼓勵文化創意產業融入課程教學或社團活動，可以 DIY 方式與學校合作。 3.各地特色節慶活動如火如荼展開。 4.可與餐飲百貨業者進行異業結盟爭取外國觀光客與陸客自由行商機。 5.透過網路行銷，可放眼全世界爭取更多外銷機會。	1.商品實用性不大。無法與其他精品業競爭。 2.同業之間競爭激烈，商品很容易被競爭對手模仿。 3.東南亞與大陸廉價劣質商品大量低價傾銷。 4.年輕人對傳統商品的接受度偏低，原住民傳統手工藝無法藉由年輕人的投入而創新。 5.物價上漲消費者開始節省開支，開始精打細算，消費者議價能力增強。 6.原物料成本增加，對賣方的議價能力偏低。 7.商品缺乏原住民的主流意象，不易受到消費者青睞。

三、問題認定與解決方案

1. 問題一：缺乏門市據點。解決方案：可與百貨公司、精品店、餐飲業與飯店進行異業結盟，爭取更多門市據點與商機（例如：節慶活動的展售

特賣會……等）。

2. 問題二：商品製作成本高，且製作時間較長，導致價格偏高，顧客接受度較低。解決方案：(1) 轉型為觀光工廠。(2) 針對年輕與觀光族群消費者做行銷推廣活動，詳細介紹創意產品的故事與意義，以爭取年輕與觀光族群消費者的認同，進而增強其購買意願。

3. 問題三：缺少商品主動行銷推廣活動。解決方案：(1) 重大節慶推出多項產品組合（例如：創意包裝競賽、母親節套餐……等）；(2) 可與旅行社及飯店業者進行聯合行銷，以爭取外國觀光客及陸客自由行商機；(3) 對年輕族群消費者可以生日禮物做為主打商品，推出當月壽星優惠方案，透過社群網站（例如：Facebook、APP、MSN……等）途徑宣傳；(4) 與信用卡公司合作。

4. 問題四：缺乏外語簡介與說明，無法有效吸引外國觀光客。解決方案：與學校合作製作外語及簡體字的簡介與說明，並與飯店異業結盟合作，將外語及簡體字摺頁放在飯店中，提供外國旅客與陸客參考。將中英文故事性的短片上傳到 Youtube，供世界各地消費者觀看，以擴大商機。

5. 問題五：市場開發不易，市場占有率低。解決方案：(1) 積極發掘潛在消費者（例如：年輕族群消費者）；(2) 透過與學校合作辦理展示會與辦理行銷競賽；(3) 透過網路行銷積極開拓外銷市場。

6. 問題六：原物料成本增加的壓力無法完全轉嫁給消費者。解決方案：(1) 使用行銷組合來增加購買意願並且推出節日優惠措施之策略。 (2) 尋找替代資源以降低原料成本。(3) 運用客製化手工製作為顧客量身訂做之特點來吸引顧客。

7. 問題七：缺乏網路行銷。解決方案：可在社群網站內介紹原住民文化創意產品與客製化設計服務。

8. 問題八：商品包裝不夠精緻，說明不夠清楚。解決方案：在包裝內加上商品本身的故事性，字體放大並反面陳列，讓消費者能一目了然採買他的需要。

9. 問題九：商品實用性不大，無法與其他精品業競爭。解決方案：可與日常生活用品結合，以提高實用性，加上節慶活動與客製化吸引客源。

10. 問題十：同業競爭激烈，商品容易被競爭對手模仿。解決方案：申請智慧財產權，採用反守為攻之策略。

11. 問題十一：東南亞與大陸廉價商品大量低價傾銷。解決方案：做好產品區隔，標榜台灣與純手工製作，藉由高品質與耐用特點為主打和外來劣質商品對抗。

12. 問題十二：年輕人對傳統商品的接受度偏低，傳統手工藝無法藉由年輕人的投入而創新。解決方案：多舉辦輔導活動（例如：巡迴表演或展覽），藉以吸引年輕族群，並鼓勵年輕創作者投入創作行業。

13. 問題十三：物價上漲消費者開始精打細算，消費者議價能力增強。解決方案：將商品以節慶為主打的組合性行銷為賣點（例如：母親節、生日……組合送禮）。藉由各項優惠措施，讓消費者有物超所值的感覺。

14. 問題十四：原物料的成本增加，賣方的議價能力偏高。解決方案：(1) 與廠商簽訂長期供應契約，以取得優惠的價格。(2) 客製化或限量方式，將原物料成本的影響轉嫁給消費者。

15. 問題十五：商品缺乏原住民的主流意象，不易受到消費者青睞。解決方案：與流行做結合，創造既流行又不失傳統的創意商品，與民間企業合作推動一系列原住民故事的電影、電視、戲團，並配合做主題性的行銷活動。藉由政府的協助辦理原住民創意設計競賽，引領各界對

原住民文化元素的創意設計，以激發出優質作品（例如：台北市花樣原動力－原住民文化創意設計應用競賽）。

陸、結語

文化作為一個產業的概念是在 20 世紀才被提出的，這與文化的市場化進程是一致的。文化走向市場是一種必然的歷史，也是一種進步。走向市場化後的文化，其本質並不會發生太大的變化，只不過生產導向會發生變化，社會人文附加價值會有不同程度的增加。文化形成產業走入市場，就要像其他產業領域一樣，建立一種與市場、社會消費群體連結和自身調控的機制，所以文化產業行銷與管理就顯得更為重要。在全球化與科技化兩股力量的推進下，全球新經濟型態已轉變為以創新為主之知識經濟型態，「全球思考、在地行動」更成為 21 世紀之主流思維，文化創意產業思潮已成為社會經濟體制發展的主流趨勢，期待藉由結合藝術創作和商業機制，增強社會大眾的文化認同與更新產業經濟的發展價值（李錫東，2009：5-8）。

為有效推動我國文化創意產業，行政院於 2002 年將文化創意產業納入國家發展重點計劃項下，除由各部會規劃產業推動方案外，行政院自 2003 年起，開始促進文化創意產業發展專法的制定，並指示由經濟部著手草案研擬工作。行政院更在 2009 年 10 月已正式訂定以五年為期的文化創意產業發展方案，希望投入更大的力量協助並鼓勵文化創意產業的發展，該方案規劃五年將投入 262 億元，分別從賦稅降低、人才培育、市場開拓以及品牌建立等方面盡力協助文創產業的發展。而讓眾人引頸期盼的《文化創意產業發展法》，也終於 2010 年 1 月 7 日經立法院院會三讀通過，完成立法程序，並於 2 月 3 日華總一義字第 09900022451 號總統令制定公布。

在目前，舉全國之例發展文創產業的同時，馬總統不止一次在接受媒體訪問時，希望台灣原住民族，尤其是在歷經天災侵擾的原鄉部落，能夠透過文創產業拼經濟，而行政院原民會也在此時制定所謂的台灣原住民部落文化創意產業輔導計畫，其用心及努力可見一斑。對於原住民族而言，面臨到經濟發展的困境、產業結構的窘境，如何透過更積極的作為，改善上述的狀況，發展文化創意產業成為一項新的可能。經由原住民族及文化創意產業的角度切入加以探討，我們發現原住民族從發展文化創意產業找到民族發展的平衡點；當原住民族透過文化創意產業找到自己的定位後，除了扭轉經濟發展之弱勢，也豐富城市多元面貌之文化，不但免除過去城市邊緣人的具體形象，更成為國家文化發展不可或缺的一分子。因此，建構原住民族的文化創意產業，對於國家文化發展或民族發展而言，利大於弊的功效，顯而易見。

參考文獻

一、中文文獻

行政院文化建設委員會（2004），《2004年文化白皮書》，台北：行政院文化建設委員會。

吳思華（2003），《文化創意的產業化思惟》（下），台北：典藏今藝術。

李錫東（2009），《文化產業的行銷與管理》，台北：宇河文化。

洪順慶（2009），〈台商在中國的品牌策略〉，徐斯勤、陳德昇主編，《文化創意產業品牌與行銷策略－跨國比較與大陸市場發展》，頁119-147，台北：印刻文學。

陳士章（2005），《全球化下台灣原住民族文化權之研究》，台北：國立台灣師範大學政治學研究所碩士論文（未出版）。

黃曼莉（2011），《創意的手工、漂流的文化：以台東縣原愛工坊為例》，台北：國立台灣大學建築與城鄉研究所碩士論文（未出版）。

二、外文文獻

Lash, S., and Lury, C. (2007), *Global Culture Industry*. Bristol, England: Polity.

Barkin, S. (2010), *Realism Constructivism*. Cambridge, UK: Cambridge University Press.

三、網路資料

教育部、原民會（2011）。〈都市原住民〉，《台灣原住民歷史語言文化大辭典》，2015年 8 月 30 日，http://citing.hohayan.net.tw/citing_content.asp?id=2466&keyword=都市原住民。

〈文化創意產業之展望〉，《行政院文化建設委員會文化創意產業推動服務網》網站，2015 年 8 月 30 日，http://www.cci.org.tw/cci/cci/market_detail.php?c=236&snsn，12=4380。

情慾殖民與國族認同：
以波多野結衣悠遊卡為例

杜聖聰[*]、楊喨智^{**}、杜厚霖^{***}

* 杜聖聰，銘傳大學廣播電視學系助理教授。

** 楊喨智，玄奘大學資訊管理學系助理教授。

***杜厚霖，台灣大學國家發展研究所碩士生。

性別・身體・文化
凝視與召喚

摘要

　　當台北市捷運局決定將 AV 女優波多野結衣作為悠遊卡封面後，引起正反人士激烈討論。波多野結衣其人甜美清新，但從業期間拍過 1200 部情色影片，內容包括性虐、3P、亂倫等類型，特別是電車癡漢，廣為人知。

　　本研究將重新審視國族認同概念，並將特別針對實體與虛擬的國族的內涵、邊界以及外沿部分做一釐清。並將結合網路聲量趨勢與多寡，針對波多野結衣事件做一審視。是以，本研究將以社群媒體討論為文本，透過語意論述方式，希望解決兩個問題：

一、什麼是國族認同？當國族意識對網路無國界時，究竟在認同部分會產生何種內涵變化？又會外顯於哪些類型？

二、情慾影片的實體流動是否會造成意識型態的殖民？當波多野結衣遇見台北悠遊卡時，社群媒體的語意論述是否會出現隱藏、扭曲、忽略、改寫等書寫策略？而這，又代表何種意義？

關鍵字：國族、AV 女優、論述、殖民、認同

壹、前言

　　儘管政府不斷警告人們要遠離「黃色網路」，但是色情網路的各種衍生商品隨手可得。2015 年 8 月至 9 月間，悠遊卡公司發行以日本 AV 女優波多野結衣為封面的悠遊卡，引起外界軒然大波。

　　波多野結衣其人甜美清新，但從業期間拍過多部情色影片，內容包括性虐、3P、亂倫等類型，特別是電車癡漢，廣為人知。尤其，悠遊卡本質是一張便利交通的多功能卡片，但對於人手一張的台北市民而言，卻是代表城市印記的身分認證。在標榜城市身分的卡片上置放 AV 女優，儘管波多野結衣的天使與魔鬼兩款造型並無特殊之處，但正反雙方激辯意見不斷，復夾雜政治因素干擾，致使原本商業促銷行為完全變調。

　　目前，全台上網人口估計共 1763 萬人，占總人口數 75%，其中 12 歲以上上網人口則有 1622 萬人，占總人口 77.66%，全台上網民眾平均每日花在上網時間為 3.25 小時，超過六成網民瀏覽社群網站和交流，每日長達 1.25 小時（陳瑞霖，2014）。在新媒體蓬勃發展下，透過手機、iPad 等行動載具進行訊息交流急遽增長。與此同時，伴隨新媒體而生的社群媒體，因具有近用性、 使用與刪改、成本低廉、兼具私密性與公共性等特質，已被政府與民間部門廣泛運用於政策行銷與行銷傳播中（杜聖聰、劉念夏、杜厚霖，2015）。

　　本研究希望針對波多野結衣悠遊卡（下稱波卡事件）進行觀察，希望透過社群媒體的巨量資料探勘，結合網路聲量，對應整個事件脈絡進行析論，並且回答以下問題，包括：

一、台灣網民對波卡事件的網路聲量觀察。

二、台灣網民對波卡事件的評價及其趨勢走向。

三、探討網路上的不同媒體來源（例如原生新聞媒體、社群媒體 Facebook、討論區等）對於波卡事件的討論聲量與形象評價趨勢。

貳、日本 AV 產製與波卡事件

一、日本 AV 的產製

　　在日本，AV 的形成跟「粉紅映畫」[1] 及「ビニ本」[2] 有密切相關。1970 年代末期，日本電視和家庭錄影機市場興起，電影院觀眾大量流失，為救亡圖存故，日本電影公司開始製作「粉紅映畫」，並且把色情影片當成錄影帶出租販售，這類「粉紅映畫」錄影帶可算是 AV 的原型（王向華、邱愷欣，2012：20）。

　　當 AV 在 1980 年代初面世，快速地侵吞色情電影及錄影帶市場的巨額利潤，「ビニ本」（Binibon）的出版社便覬覦這個龐大色情錄影帶市場，紛紛成立 AV 製作公司，其中較著名及具規模的為宇宙企劃、VIP 及 KUKI。這些由「ビニ本」（Binibon）出版社蛻變出來的 AV 製作公司，在產製 AV 時，會因為成本緣故，將只穿內衣、泳裝或性感服飾的女模特兒，在鏡頭前，不斷地搔首弄姿、脫下衣服，順便製作 AV 獲利（水津，1998：2；王向華、邱愷欣，2012：20）。

　　綜合來說，在 1980 年代迄今，AV 類型多為「淫亂」、「風俗」、「女子校生」、「巨乳」及「顏射」、「潮吹」等，但最暢銷的 AV 都是「美

1　日本五大電影公司之一的東映，把旗下製作的色情影片命名為「粉紅映畫」。其後，「粉紅映畫」便成為色情影片的泛稱（王向華、邱凱欣，2012：19）。

2　英文譯名為"Binibon"，意指一種以透明塑膠袋包裝的成人色情寫真雜誌。讀者在購買之前，看不清楚書的內容（王向華、邱凱欣，2012：19）。

少女」類型。在新近數位時代裡，手機也開始成為 AV 另一重要散布媒介，透過 iPhone 等智慧型手機，已經可隨時隨地下載及收看 AV。換句話說，傳播科技的進步，促使電腦、網路及手機逐漸取代電視及錄影帶店，成為 AV 的主要散布媒介（王向華、邱愷欣，2012：20-26）。

日本 AV 工業發達，市場規模龐大，而且在亞洲地區影響深遠，大量的日本 AV「翻版」在台灣販售，對於台灣地區的性態度與性慾呈現很大的模塑力量。當 AV 興起的 70 年代，日本的資本積累的速度比資本主義老大哥的歐洲更快、更急。在這樣的發達資本主義體制下，人的情慾化為巨大的市場需求，色情被製作、包裝、販賣，變為理所當然的高銷量商品。而女性的肉體則自然地淪為這些色情商品的主要招徠工具。不僅人的勞動力，人的身體，意識以至感情都可以被包裝為商品販賣（王向華、周凌楓，2013）。

這個龐大體制甚至剝奪了 AV 女優的羞恥心，驅使她們將自己的身體充當商品，肆意販賣色慾，供人消費。而這種現象在社會中的深化、強化、以至合理化，其實都與資本主義體制在世界享有的霸權地位息息相關（王向華、周凌楓，2013）。

二、波卡事件

波多野結衣，日名 はたの ゆい，1988 年 5 月 24 日出生於日本京都。2008 年出道。原本只是日本眾多 AV 女優一員而已，但因其外貌頗為肖似台灣名模林志玲，在台灣網路社群裡有「AV 界林志玲」或「暗黑林志玲」之稱。

由於波多野結衣曾於 2011 年日本 311 地震中被誤傳罹難，引起台灣眾多網友關心，該年 9 月 29 日，波多野結衣受邀到台灣參加「感謝祭」，表達對粉絲的謝意（嚴選正妹停鳳閣，上網時間：2015 年 12 月 1 日）。自此之後，波多野結衣多次來台，包括參加台灣第二、三屆台灣成人博覽

會；參與網路名人蔡阿嘎影片《嘎名人落台語》第二集；並與台灣男演員李康生合演《沙西米》，事業版圖逐步往台灣擴展（嚴選正妹停鳳閣，上網時間：2015 年 12 月 1 日）。

2015 年 8 月，媒體《壹週刊》報導，悠遊卡公司準備發行以日本 AV 女優波多野結衣為封面的悠遊卡，首先提出質疑，認為此節會影響輿論觀瞻（游凱祥，2015）。但在悠遊卡公司董事長戴季全及內部會議支持下，仍決定 9 月 1 日如期發行 15000 套（1 套 2 張）、售價新台幣 500 元的套卡，並在超商預購。原本悠遊卡公司認為，咬定波多野結衣的悠遊卡屬於公益形象便可創造話題、刺激銷售，詎料反對聲浪如潮。

但強勢發行結果，造成台北市府會對立嚴重。國民黨籍市議員群起炮轟，認為違反善良風俗，也與悠遊卡公司創設宗旨有違；至於民進黨籍市議員部分，也加入聲討行列。與此同時，更爆發悠遊卡公司的公關人員私下餽贈波多野結衣悠遊卡給市議員，造成議會人人自危，深恐外界誤以為議員白天質詢、晚上拿波卡自肥。

尤其，9 月 16 日國民黨籍市議員徐宏庭質詢時聲稱，台北市政府原定上午 11 點公布索取波卡名單，拖延至 12 點半以後送達，且未公布完整名字。台北市議員徐弘庭質疑柯文哲袒護戴季全，並說「馮光遠有一天一定會說你跟戴季全有特殊性關係」，柯文哲怒而捶桌，議場秩序大亂（王彥喬，2015）。

事件終了，悠遊卡董事長戴季全去職，台北市長柯文哲形象大傷，而且波多野結衣原本希望透過公益活動漂白形象完全落空，是一個三輸的結局。

參、社群媒體與社群巨量資料研究法 Opview

一、社群媒體

初期網際網路傳播由於受限於技術限制，使閱聽眾在訊息傳播過程中僅以文字訊息交流，使網路在社會臨場感理論（Social Presence Theory）[3]中被歸類為臨場感偏低的媒體。隨著科技的進步，訊息中的影像、聲音、視訊等得以透過媒體串流，產生高臨場感。綜觀目前台灣主流社群網站，Facebook 的使用率與普及率，不論於全球或台灣皆高於其他社群網站，並能透過粉絲專頁發揮口碑行銷、使用者按讚分享產生人際推薦的功能（謝銘倉、曹文琴，2011）。

在媒介的本質上，社群媒體比傳統的大眾傳播媒體具有高度的黏著性、[4] 傳染性與互動性。各種不同的社群媒體具有以下四項共同的特性：使用者主控（User-Driven）、[5] 有機內容（Organic Content）、社群取向（Community-Oriented）、易使用（Easy to Use）等。胡光夏與陳竹梅（2012）歸納出社群媒體具有連結性、產製上的優勢、傳遞速度快、以及自我表達等特性。

---

3 社會臨場感為媒體選擇的認知理論，代表個人心理認知其他人與之互動的實體呈現的程度。Short, Williams, & Christie（1976）定義「社會臨場感」是人們在溝通情境中，建立人情溫暖和社會關係的程度。一個能傳遞多元訊息的媒介，越能使人有親臨現場的感覺，也就能提供越豐富的社會臨場感。

4 黏著性是指比傳統的媒體具有潛在的吸引力與吸睛力；傳染性是指可以如病毒般的在很短的時間內觸達民眾；社群媒體所具有的互動性是可以在所有使用者端產生，且回饋是立即性的（胡光夏、陳竹梅，2012）。

5 使用者主控是指訊息內容主要是由使用者自己所產製的；有機內容是訊息的內容會不斷地被轉貼、附加、再產製或重新塑造等；社群媒體的基礎是共同興趣的社群間的協力合作產製、與和分享；易於使用是社群媒體可以被廣大的閱聽眾／使用者近用，不需要擁有專業的產製訓練（胡光夏、陳竹梅，2012）。

社群媒體的社群組成與網路論壇的線上社群組成亦有差異，由小眾社群變成大眾參與。以往的網路社群，社群成員有明顯的共同興趣或討論議題做為認同的基礎，群體的規模從數十到數百人，他們在特定的虛擬空間進行互動。但社群媒體串連起的是沒有固定邊際的社交網路群體（Networked Community），創造一個多元、流動的空間，讓使用者可在龐大的社交網路中任意與人群接觸，連結的眾多異質性的網路社群（翟本瑞，2011）。

學者黃厚銘用「流動的群聚」（Mobility）來稱呼這種短暫接觸的社群，他認為人們重視的是群聚在一起的共感共應，並以非理性的美感、情感、消費及社群促成連結，它超越了社群主義與個人主義，人們一方面感覺到自身對於社群的需求，需要與人交往接觸，另一方面又充分意識到個體化趨勢的影響，希望保有隨時從群體性跳脫出來的自由，因此在網路上形成一種流動、多變、時聚時散的群聚（黃厚銘、林意仁，2013）。

學者 Kaplan & Haenlein（2010）將社群媒體定義為「透過 Web 2.0 觀念與技術所形成的相關網路基礎應用，以提供 UGC[6] 性質的內容進行創作與交換」（Social media is a group of internet-based applications that build on the ideological and technological foundations of Web 2.0, and that allow the creation and exchange of user generated content.）。透過此定義，可以說明社群媒體是由一群網路使用者，透過 Web 2.0 相關網路應用技術，所形成以興趣、創意性質內容為主的網路媒體平台。

以 Facebook 為例，在成立之初，強調的是對應真實社會中的人，進

---

6 User Generated Content 或是稱 UCC（User-Created Content），就是使用者產製內容的意思，每一個使用者都可以編輯內容，因而使網路上的內容快速增長，對知識的積累和傳播有諸多幫助，但要注意的是，因為可以自由編輯，可能會有錯誤或是虛假不實的內容。以維基百科為例，每項條目都會有內部的審核機制。

行各式各樣的網路交往。個人可以發現真實生活世界中的關係，而不再是以「匿名」、「去線索化」的使用者為設計。「實名制」將使用者身分對應到一個真實世界中的人，成為社群媒體有別過去網路媒體的重要關鍵。也就是說，使用者不再只是「虛擬化身」，而是具有相對應的社會身分，可以如同真實世界般進行社會交往，在網路上分享經驗、訴說感受，這也是社群媒體非常重要特點之一（曾馨瑩、林純如，2012）。

因此，社群媒體的使用者概念，不只是傳統傳播學所指稱的閱聽人，強調透過閱讀與收聽的接收式行為。同樣，社群媒體接收對象，也不僅只是接收者，亦是生產與消費關係中的產用者。此外，研究者認為，社群媒體除了生產與消費的關係外，更重要是「社群」概念。必須有社群存在，才能稱之為社群媒體。

台灣學者鄭宇君（2014）更指出，傳統的「垂直式媒體」，其資訊流通結構為「沙漏狀」，由少數人扮演守門人。近年網路上的「水平式媒體」，其訊息流通結構則是呈現「網路狀」，眾多消息來源以點對點（Peer-to-Peer）方式連結。這種「水平式媒體」的形態可分四類，包括：

（一）「蜂群」（Hives）

組織程度高，有特定目標，為網路精英。此類「蜂群」，台灣為數不少，甚至成為「電子行動者」，發動多元化的社會訴求，是網路世代的新壓力組群。香港的土地正義聯盟、占領華爾街也可算是此類「蜂群」的跨國版本。

（二）「閃群」（Mobs）

組織程度高、經由長時間參與，自然形塑而成網路社群，如知識社群（維基百科）、連結社群（粉絲專頁）等。香港「閃群」多，由主要骨幹維持一群閃爍不定的支持者。不同的關注組、民間記者、城市保育的活躍分子，群聚線上，偶發離線的現實活動，參與社會事態的青年人，絕對不

比早年傳統媒體時代為少。

（三）「事件群」（Crowds）

組織程度低、有特定目標，圍繞突發事件而行動，例如特定人肉搜尋，是因應普及關注的人物而發生。近年此類「事件群」不時出現，舉凡捷運、巴士上的口角或是肢體衝突、侵害他人或公共權益、口出狂言等事件，常會引發網民群起追擊。

（四）「烏合之眾」（Swarms）

組織程度低，缺乏共同目標，卻是群體數量最為龐大的一群，如YouTube、Facebook 使用者，彼此看似毫無連結，卻能經由標籤、評價、排序、瀏覽，分享大量的駁雜資訊，深嵌日常生活，變成慣性行為。

學者鄭宇君將此四類組群，應用在台灣風災期間的網路生態，發現「閃群」、「事件群」可以因天災而轉變成「蜂群」，各群互相連結，在災難中發揮強力的公民參與。香港「閃群」如獨立媒體（In-Media），在高鐵及菜園村保事件中可連結為「蜂群」，在線互通訊息，在地組織活動（杜聖聰、劉念夏、杜厚霖，2015）。

二、社群巨量資料研究法 Opview

IBM 在 2012 全球 CEO 調查報告中指出，「企業資料」、「網路通訊」、「社群」（包含其產生的影像、視訊與文字）、與「機器資料」（物聯網）是可從中發掘可貴資訊的「四大數據」，由此可見，「社群巨量資料（Social Big Data）」已成為最重要的四大數據之一（楊晄智、楊立偉，2014）。

而社群聆聽 Social Listening（又稱社群分析〔Social Analytics〕或社群智慧〔Social Intelligence〕）正為社群輿情管理循環的起點，是新一代市場調研的利器。若能善用網路既成的大數據資料，利用先進的自動語意技

術，進行內容分析，因其資料具備高準確率、高覆蓋率、高時效性、與容易執行，即能在社群及媒體頻道中建立網路輿情分析平台（楊晙智、楊立偉，2014）。

本研究使用意藍資訊之「Opview 社群口碑資料庫」，是目前國內最大的雲端網路輿情觀測中心，擁有上百台雲端主機，涵蓋台灣九成以上社群流量。自 2011 年起、累積數億筆的社群大數據可提供觀測與分析。藉由強化自動分類功能，可協助本研究進行品牌行銷內容數據之分析、比對，重新整理出品牌關鍵字的分類架構，找出大量資料之間的相關性及差異。

本研究希望借用「OpView 社群口碑資料庫」的調查工具，建構一套檢測網路議題的標準處理程序。「OpView 社群口碑資料庫」的網路口碑監測與分析資料，涵蓋消費電子、食品餐飲、交通運輸、家用民生、旅遊娛樂、醫療保健、電信、金融、家電、影視文化、通路零售、工商服務等多項產業。每日即時監測超過 6000 個網站頻道，並以先進的語意技術提供各式分析資料。由於目前社群口碑的影響力正超越電視、報紙等傳統媒體。

「OpView」整合搜尋引擎、語意分析、媒體傳播、行銷研究等跨領域，發展出的一系列研究分析技術與方法。同時與國內知名媒體定期聯合發布研究成果（包括經理人雜誌百大影響力品牌、數位時代等）。同時，「OpView」採用語意分析技術，收納眾多的網路口碑加以匯集成分析數據（Aggregated Intelligence），屬於非干擾性研究，比起傳統問卷調查、焦點群體等方法，更具有代表性，也更加準確。取樣包括討論區、部落格、微網誌、BBS、社交網路、影音網站、新聞網站等，可覆蓋台灣地區超過9 成以上的流量。持續收錄廣大的網路口碑資料，從新聞、討論區、到部落格等，將來源區分等級，從每小時至每日更新 3 至 4 次以上不等，每日進量近百萬筆（杜聖聰、劉念夏、杜厚霖，2015）。

同時，每筆資料均採用自動化語意分析技術，標記重要關鍵資訊，並加以運算索引，並且可以重複來回快速微調。可在媒體、社群媒體、部落格、留言板中找尋出網路聲量、網路正負評、社群活躍度、發言領袖、發言次數、發言頻道、競爭風暴圖裡，該事件的趨勢與週期呈現何種態勢（杜聖聰、劉念夏、杜厚霖，2015）。

肆、波卡事件的巨量資料研析

一、波卡事件聲量討論趨勢

本研究採取「OpView」進行波卡事件分析，調查時間為 8 月 24 日起至 9 月 7 日止。另外一段調查時間，則是到 9 月 17 日為止，藉以測量台北市議會開議期間對於波卡事件的反應。

根據第一階段量測，波卡總新聞量為 4656 則，占網路總聲量 26.5%；在社群網站部分為 4858 則，占網路總聲量 27.7%；在討論區部分為 7999 則，占網路總聲量 46.8%。

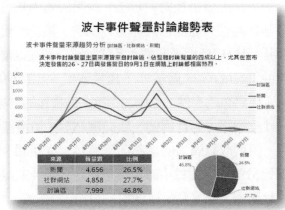

圖 1　波卡事件聲量討論趨勢

二、波卡事件在伊莉討論區聲量第一

波卡事件的討論，主要散見在伊莉討論區、卡提諾王國、mobile01 等討論區，在前十名討論區排行榜裡，以伊莉討論區的聊天區 1794 則，和時事討論區的 306 則加總居冠，占討論區三分之一。

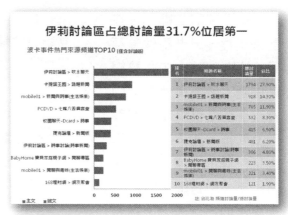

圖 2　波卡事件熱門來源頻道

三、Yahoo 的新聞回文超過五成

本研究調查顯示，相關新聞與回文最主要討論就在 Yahoo。可以說所有新聞的集散中心，又或者說波卡事件的新聞集散地，主要集中在 Yahoo 這種入口網站，可以讓閱聽眾一次購足所有資訊。光是在 Yahoo 的生活版和政治版就超過所有討論區的網路聲量一半以上。

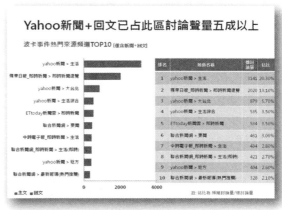

圖 3　波卡事件熱門來源頻道（含新聞與回文）

四、負面情緒占總體 45.8%，正面情緒僅 16.3%

本研究調查顯示，在討論區裡，波卡事件負評是正評的 2.3 倍；在社群網站區裡，波卡事件負評約為正評的 2 倍；在新聞與回文區裡，波卡事件負評也是正評的 2 倍。可以看得出來，網路輿論對於波卡事件的負評居多，讓台北市長柯文哲、悠遊卡公司等相關人員飽受壓力。

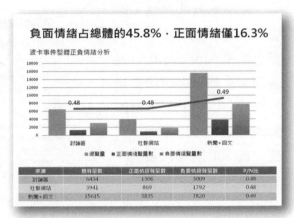

圖 4　波卡事件整體正負評情緒分析

五、波卡事件影響最深者為悠遊卡公司形象

本研究調查顯示，在網路聲量方面，波卡事件直接傷害最深者，為悠遊卡公司形象；對於台北市長柯文哲和波多野結衣的影響，也在強烈範圍。

圖 5　波卡事件網友討論的關鍵字

六、戴季全的決策嚴重影響悠遊卡、柯文哲、波多野結衣三者形象

本研究調查顯示，在網路輿論方面，悠遊卡公司董事長戴季全的決策，嚴重影響悠遊卡、台北市長柯文哲、波多野結衣三者形象，是一個不當決策。

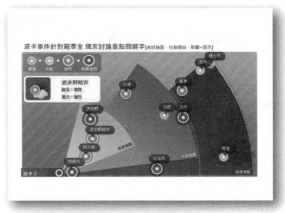

圖6　波卡事件針對戴季全 網友討論的關鍵字

七、對波多野結衣而言，這次事件深化女優形象，公益初衷反少人提及

本研究調查顯示，在網路輿論方面，波多野結衣原本初衷係為參與公益活動，但此節少人提及，網路輿論焦點仍多數集中在波多也結衣的 AV 女優形象，反而深化負面認知。

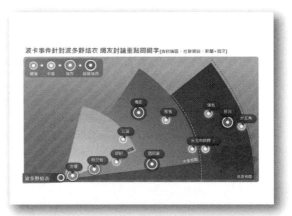

圖7　波卡事件針對波多野結衣 網友討論的關鍵字

八、波卡事件的發展呈現雙峰現象，集中在事發之初與台北府會爭論

本研究調查顯示，在網路輿論方面，波卡事件討論集中在《壹週刊》揭露波多野結衣悠遊卡封面事件，並在開議後聚焦在台北市府會爭議，9月中旬達到高峰。

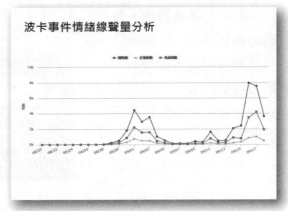

圖 8　波卡事件情緒線聲量分析

九、波卡事件的網路輿論焦點，主要集中在台北市長柯文哲身上

本研究調查顯示，在網路輿論方面，波卡事件討論集中台北市長柯文哲身上；換言之，即由柯文哲個人承擔外界主要攻訐。

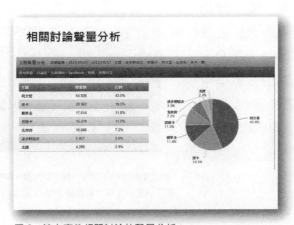

圖 9　波卡事件相關討論的聲量分析

十、波卡事件在討論區的回文，主要集中在卡提諾王國

本研究調查顯示，在網路輿論方面，爆發「特殊性關係」說法後，波卡事件討論區的回文，主要集中在卡提諾王國的話題新聞版。其餘，則散見在伊莉討論區的時事討論版、校園聊天以及 Mobile01 的新聞與時事版。

波卡事件討論區熱門口碑議題

排行	標題	摘要	回文數	來源
1	挺P柯了！議論爵戴李全有「特殊性關係」，柯文哲翻臉拍桌畫面震驚政壇	台北市議員徐弘庭在進行市政質詢時，以波卡事件怨嗆柯文哲，並順勢地和戴李全交情脫淨，徐說，「你挺護戴李全還怀事價已經超乎台北市民的常情，我真的講，馬光遠有一天會說你挺戴李全有特許性關係，好一個公開透明，好一個公開政府！	1734	卡提諾王國 > 話題新聞
2	北市府稱：「延煙給波卡名單是因為電腦故障，那你怎麼不說是因為凌晨地震的關係？	波多野結衣悠遊卡哲講，悠遊卡公司晚了1個半小時才給北市議員索卡名單，且名單不完整。台北市副市長鄧家基今天表示，遗是因為統計數量需要時間，且電腦當當機。悠遊卡公司原訂上午11時前提供議員索取波卡的名單，但名單確至中午12時30分才出牖，名單也僅提供姓氏，名字都被以OO遮住，沒有全名，引起藍綠議員不滿。	1104	卡提諾王國 > 話題新聞
3	悠遊卡涤黄 柯推說國系怪怪的	「波卡事件」延燒，台北市長柯文哲昨天將問題推給國系，他說，整起事擴了超過10天，「這個國家怪怪的」，呼籲現在起要收有聲義的事，「It's over，結束了」，不需要整個社會陷在裡圈。	172	依莉討論區 > 時事討論
4	從裸泳看現代性別平等	當初波卡出來時，很多人以及部分女權人士及鳎女團體人士，說這對社會潜移良風俗、敗德小孩等，可是悠遊卡上面的去多野什麼都沒露。	171	校園聊天-Dcard > 時事
5	四大超商拒買「波卡」，網友跟：絕上的18限難道呢？	波多野結衣悠遊卡爭議越演越烈，但悠遊卡公司卻沒有回收的打算，甚至如碼再推出第三款未曝光全球獨家版，並計畫要在超商通路發行，不過超商業者似乎不領情，四大超商統一、全家、OK、萊爾富就28日一致表熊「不販賣波多野結衣悠遊卡」，讓原本期待能買到波多野結衣悠遊卡的民眾大呼期望落空。	159	Mobile01新聞與時事(生活娛樂)

圖 10　波卡事件討論區熱門口碑議題

十一、波卡事件在社群網站的回文，主要集中在 Facebook 粉絲團與 PTT

本研究調查顯示，爆發「特殊性關係」說法後，波卡事件在社群網站的回文，主要集中在 Facebook 粉絲團與 PTT 留言板。討論內容則以買不到波卡、女孩如何看波卡事件、以及討論台北市議員徐弘庭批評台北市長柯文哲的「特殊性關係」發言有關。

波卡事件社群網站熱門口碑議題

排行	發表人	摘要	回文數	來源
1	加藤鷹台灣粉絲團2.0	加藤鷹台灣粉絲團2.0實不到波卡a金居福#丁琴製作影片製作提供：https://www.facebook.com/michae7tw	1022	facebook粉絲團
2	WomenTalk	女孩們怎麼看這次波卡	1009	Ptt
3	Gossiping	「波卡」風波未停，國民黨北市議員徐弘庭由以作家馬光遠過去曾射總統馬英九和國安會前秘書長金漙聘的「特殊性關係」，來批評台北市長柯文哲祖譴悠遊卡董事長戴李全。金漙隨後嚴正指出，「請徐弘庭具體說明何謂『不對等的政治權力關係』，不要隨風搖擺，自失立場，敢做不敢當，敢說不敢承認。」	882	Ptt
4	Yahoo!奇摩新聞	保險賣哥跟網友嗆聲了～～#徐弘庭 #特殊性關係 柯文哲 #波卡#戴李全 台北市議員徐弘庭	877	facebook粉絲團
5	Gossiping	徐弘庭：「遲有一天馬光遠會說你跟戴李全有特性關係！」童仲彥起身怒嗆，讓場內衝突暴動，兩人架剛！遠時候旁他到柯文哲起身擻怒，旁邊的人即時壓制住他意怒	833	Ptt

圖 11　波卡事社群網站熱門口碑議題

十二、波卡事件有關柯文哲新聞留言，多集中於特殊性關係的比喻

本研究調查顯示，波卡事件有關於台北市長柯文哲的新聞留言，主要集中在被指控特殊性關係，柯文哲大怒拍桌。甚至有網友 Kuso 柯文哲拍桌類似太鼓達人，也成為回文留言的焦點。

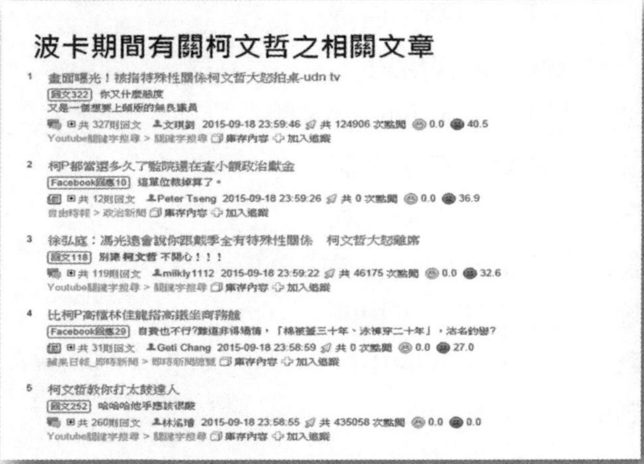

圖 12　波卡事件有關柯文哲的相關文章

十三、波卡事件有關戴季全新聞留言，多集中於他是柯團隊的爭議人物

本研究調查顯示，波卡事件有關於悠遊卡董事長戴季全的新聞留言，除了被台北市議員徐弘庭比喻與柯文哲有特殊性關係外，其他回文多集中在他是柯市府團隊內的爭議性人物。

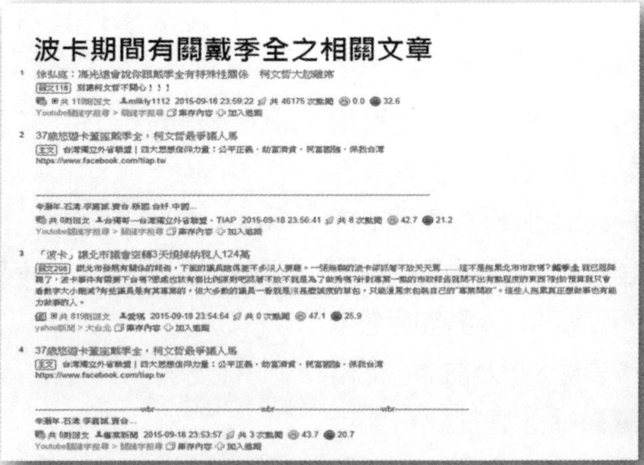

圖 13　波卡事件有關戴季全的相關文章

十四、波卡事件有關悠遊卡公司新聞留言，多集中於影響柯文哲民調下滑

　　本研究調查顯示，波卡事件有關於悠遊卡公司的新聞留言，多集中於波卡事件讓台北市長柯文哲的民調下滑 6%；另外，網友也提出，對於波卡事件若是請棒球明星王建民代言，就較無爭議的相關討論。

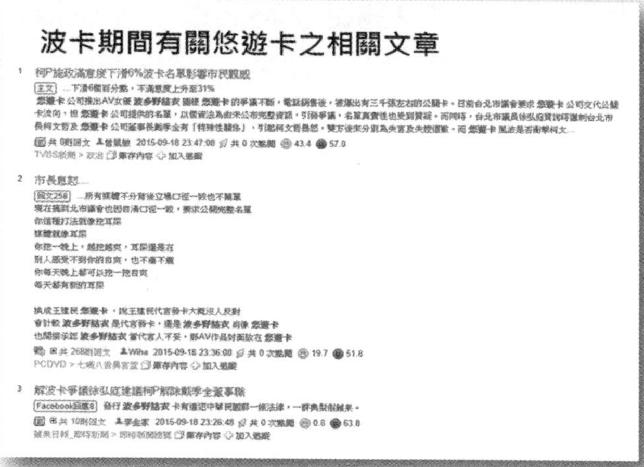

圖 14　波卡事件有關悠遊卡的相關文章

十五、波卡事件有關徐弘庭新聞留言多為負面

　　本研究調查顯示，波卡事件有關於台北市議員徐弘庭的新聞留言多為負面，集中於徐弘庭引起特殊性關係言論風暴、徐弘庭為此道歉、以及徐揚言提告不雅留言的網友等。發言形式有諷刺他為國民黨最清廉正直的市議員；要

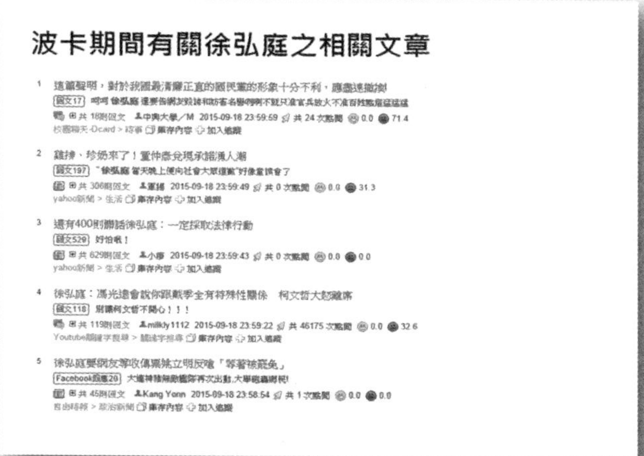

圖 15　波卡事件有關徐弘庭的相關文章

求比照台北市議員童仲彥先前道歉買珍珠奶茶和雞排;借用姚立明話語,
反嗆徐弘庭「等著被罷免」等。

十六、本次調查關鍵字為悠遊卡、波多野結衣、柯文哲、戴季全、徐弘庭、波卡

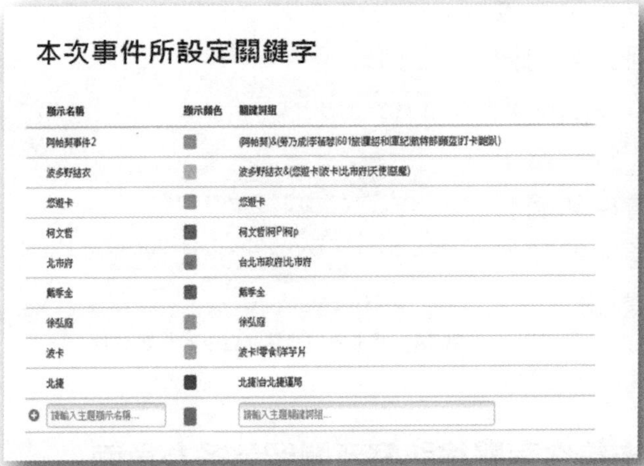

圖16　波卡事件有關的關鍵字設定

伍、結語

本研究透過社群媒體的巨量資料探勘,進行波卡事件觀察,初步結論
如下:

一、台灣網民對波卡事件的網路聲量觀察

從 2015 年 8 月 26 日,《壹週刊》揭露悠遊卡公司決定以日本 AV 女
優波多野結衣為悠遊卡封面開始,至 9 月 17 日波卡事件告一段落。在第

一階段裡，總新聞量為 4656 則，占網路總聲量 26.5%；在社群網站部分為 4858 則，占網路總聲量 27.7%；在討論區部分為 7999 則，占網路總聲量 46.8%。

超過五成網友是來自 Yahoo 的新聞入口網站獲得，這種類似「大潤發」式一次購足新聞資訊的方式，是網友取得新聞資訊的主要來源。在討論區部分，以伊莉討論區為主。

二、台灣網民對波卡事件的評價及其趨勢走向

本研究調查發現，整起事件呈現雙峰現象。第一段高峰集中在 8 月底，主要是討論波多野結衣拍攝悠遊卡封面是否合適。第二段高峰集中在 9 月中旬，當時台北市議會開議，悠遊卡公司除了飽受批評外，另爆發公關人員隱匿市議員收受波卡名單、台北市議員徐弘庭批評柯文哲力挺戴季全有「特殊性關係」，讓整起事件邁入第二次討論高峰。

調查發現，在網路討論區裡，波卡事件負評是正評的 2.3 倍；在社群網站區裡，波卡事件負評約為正評的 2 倍；在新聞與回文區裡，波卡事件負評也是正評的 2 倍。整起事件讓悠遊卡公司形象重創、董事長戴季全因此下台；台北市長柯文哲民調下滑 6%；原本參與公益的波多野結衣反而深化 AV 女優形象。可以說，是一個多輸的議題操作。

三、網路上的不同媒體來源對於波卡事件的討論聲量與形象評價趨勢

本研究調查發現，在第一波事件高峰時，討論區主要以伊莉論壇為主。等到「特殊性關係」說法爆發後，則以卡提諾王國為主要留言討論重點。波卡事件在社群網站的回文，主要集中在 Facebook 粉絲團與 PTT 留言板。討論內容則以買不到波卡、女孩如何看波卡事件、以及討論市議員徐弘庭批評「特殊性關係」發言有關。

　　波卡事件有關於台北市長柯文哲的新聞留言，主要集中在被指控特殊性關係，甚至有網友 Kuso 柯文哲拍桌類似太鼓達人，也成為回文焦點。關於悠遊卡董事長戴季全的新聞留言，除了被台北市議員徐弘庭比喻與柯文哲有特殊性關係外，其他回文多集中在他是柯市府團隊內的爭議性人物。

　　另，波卡事件有關於悠遊卡的新聞留言，多集中於波卡事件讓台北市長柯文哲的民調下滑 6%；另外，網友也提出，對於波卡事件若是請棒球明星王建民代言，就較無爭議的相關討論。在台北市議員徐弘庭的新聞留言方面多為負面，集中於徐弘庭為此道歉、徐揚言提告不雅留言的網友等。

參考文獻

一、中文文獻

王向華、邱愷欣（2012），《日本 AV 女優：女性的物化與默化》。香港：上書局。

王向華、周凌楓（2012），〈日本 AV：這些年，我們一起看 A 片〉，載於《日本 AV 女優：女性的物化與默化》，頁 8-16。香港：上書局。

王彥喬（2015.09.16），〈徐弘庭：外界會懷疑與戴季全「特殊性關係」　柯文哲大怒拍桌退席〉，《風傳媒》。

杜聖聰、劉念夏、杜厚霖（2015），《社群媒體之影響力與國軍對網路負面、不實訊息之應處作為》。國防部政治作戰局 104 年度委託研究計畫。

胡光夏、陳竹梅（2012），〈社群媒體與軍事公共關係〉，《復興崗學報》，102：65-90。

黃厚銘、林意仁（2013），〈流動的群聚（mob-ility）：網路起鬨的社會心理基礎〉，《新聞學研究》，115：1-50。

翟本瑞（2011），〈從社區、虛擬社區到社會網絡網站：社會理論的變遷〉，《資訊社會研究》，21：1-31。

曾馨瑩、林純如（2012），〈以社交焦慮傾向和感知匿名性探討社群媒體中的自我揭露行為〉，中華傳播學會 2012 年會論文。

楊曉智、楊立偉（2014），應用於危機處理之社群分析技術，2014 全國資訊管理前瞻技術研討會。新北市：玄奘大學資管系，11 月 27 日。

謝銘倉、曹文琴（2014），〈社群網站的體驗利益和體驗價值對於線上使用者行為意圖影響力之探討〉，《資訊管理研究》，14：95-115。

鄭宇君（2014），〈災難傳播中的群體力量：社交媒體促成新型態的公民參與〉，《傳播與社會學刊》，27：179-205。

二、外文文獻

水津　宏（1998），〈アダルトビデオ年表ン〉。《20 世紀のアダルトビデオー AV というワンダーランドを再発見！》。日本：ヒアスペクト。

Kaplan & Haenlein (2010), Users of the World, unite! The challenges and opportunities of social media. *Busniss Horizons*, 53, 59-68.

三、網路資料

嚴選正妹停鳳閣，波多野結衣。上網時間：2015 年 12 月 1 日。http://iamayuan.pixnet.
　　net/blog/post/8779040-%EF%BC%A1%EF%BC%B6%E6%9E%97%E5%BF%97%
　　E7%8E%B2%E6%B3%A2%E5%A4%9A%E9%87%8E%E7%B5%90%E8%A1%A
　　3%E4%B8%80(100p%2B%E5%BD%B1)。

OpView。社群口碑資料庫。

台灣同志場域
消費行為之初探

莊旻達[*]

[*]　台北市立大學都會產業經營與行銷學系助理教授。

摘要

　　「同性戀」對許多人而言，仍是避之唯恐不及的議題，根據過去研究，同志族群擁有一定的人口數，其消費能力與購買意願甚至超過傳統異性戀消費者。甚至在國外，同志消費者被許多行消人員形容為「夢幻市場」（Dream Market）。在這樣的消費市場中，同志族群藉由消費行為形塑個人的認同，並在此一認同的基礎上建構社群意識及展現消費實力，進而提升同志社群的能見度及平權運動。

　　本文以此為開端，試圖研究台灣同志場域之消費行為，並以紅樓廣場為個案，透過多元調查之研究方法（深度訪談與部分網路開放式問卷），透過非隨機抽樣方式中的立意抽樣，以滾雪球的方式進行調查，用以理解「彩虹利基場域」的現況。

　　經由研究發現，針對這些同志利基場域之消費行為具有社群消費群聚性、交通購物便利性、個人歸屬認定性、做自己的價值觀或其他考量因素等特質。本文也認為到目前為止，普遍異性戀社會仍舊對於同性戀並不是友善的，所以需要一個去非異性戀的場域，讓有些人能夠喘口氣。在這樣的場域中，能夠不在乎主流性向的眼光、說自己有興趣的話題、做自己感興趣的事物。

關鍵字：彩虹利基市場、男同性戀、紅樓廣場、同志場域消費行為

壹、前言：彩虹利基場域？台灣？

在資本主義社會中，同志藉由消費行為以形塑個人的認同，並在此一認同的基礎上建構社群意識及展現消費實力，進而提升同志社群的能見度及平權運動的能量（林純德，2010：246）。如 Chasin 所述：

> 資本主義促成個人認同的形塑，也進而導致建立在認同基礎之上的社會運動的興起。在相當程度上，以認同為基礎的抗爭運動往往聚焦於個人權利，而其擴延的結果也會將資本主義市場重新塑造為一種個人再現及要求平權的場域（Chasin, 2000: 16）。

這也說明了為何持同志消費主義者深信，同志消費實力的展現將使得主流企業及主流社會無法忽視同志社群的存在事實及平等權利要求，而終將成為一條最為簡捷有效並可降低社會衝突的途徑（Chasin, 2000: 29-56）。此外，雖然早在 1970 年代，美國媒體便已開始形塑所謂「同志利基市場」（The Gay Niche Market）的概念（Chasin, 2000: 24），誠如學者林純德之觀察[1]，台灣同志與消費議題漸漸緊扣，可以從第一屆同志大遊行開始追溯。當時是在台北市政府的同玩節裡舉辦，但因為有部分民代反對以政府預算舉辦同志遊行，因此第二屆同志大遊行就與市府舉辦的活動脫鉤，由民間團體自行舉辦，並籌募經費。不過，同志大遊行的人數逐年增多，同志團體經費都相當吃緊，因此在舉辦幾屆之後，主辦單位開始引進同志商店的廣告，藉以支付相關經費。而同志大遊行的商機也引起如同志酒吧、同志三溫暖等商家的興趣。

上述說明足以代表台灣已有以同志為主的消費場域，也代表了彩虹利

1　詳見其收入於何春蕤編（2010）之《連結性：兩岸三地性／別新局》中〈同志消費政治與同志平權運動：同志遊行背後的運動路線之爭〉一文。

基市場的可能。本文以此為開端，試圖研究台灣同志場域之消費行為，並以紅樓廣場為個案[2]，以多元調查之方式（深訪配合網路開放式問卷），進行理解「彩虹利基場域」的現況[3]。

貳、同志消費行為特性與場域

「同性戀」這個議題對許多人而言仍是避之唯恐不及，但根據過去研究，同志族群擁有一定的人口數，其消費能力與購買意願甚至超過傳統異性戀消費者，對行銷者而言，同志消費者被形容為「夢幻市場」（Dream Market）。根據 Witeck 通訊的最新分析，美國女同性戀、男同性戀、雙性戀和變性人（LGBT）成年人口為 2013 年的總購買力預計為 $ 8,300 億美元[4]。此購買力估計提供了美國的同性戀、雙性戀和跨性別族群，即使在我們逐漸顯現，脆弱經濟下每年經濟貢獻的寫照。

美國國家同性戀商會（National Gay & Lesbian Chamber of Commerce, NGLCC）的總裁 Justin Nelson 曾說：「LGBT 購買力來自於不同種族和社經地位，且是我們一個令人難以置信的忠誠消費者」（LGBT buying power is diverse in ethnicity and socioeconomic status, and we are an

---

2 相關研究詳見羅毓嘉（2010）。男柯一夢夢紅樓：西門紅樓南廣場的「同志市民空間」。

3 然而，近年來台灣因隨著西方男同志消費娛樂文化（Gay Consumerism）的引薦，克里頓（Keith E. Clifton）早就發現男同志的天后崇拜與歌劇皇后傳統之間的連結，指出男同志天后文化的「族譜」。與男同志歌劇文化一樣，男同志往往會將大量心力與愛慾投注在單一「天后」上。天后身上強大的陰性符碼吸引並召喚著男同志，而男同志則透過迷戀、崇拜與模仿，來重新形塑自己的身分。另外，同志觀光旅遊也是在討論同利基市場時主要會討論的議題。然而，鑑於篇幅，本文先屏除這兩個部分。相關研究可參閱賴政宏（2010）；Shih, Shun-Hsiang（2012: 24-33）。

4 詳見：http://www.witeck.com/pressreleases/lgbt-2013-buying-power/。

incredibly loyal constituency），且有 140 多個美國企業與其成為合作夥伴，並承認同志消費的重要性。

　　然而，如何才能有效的透過「非小眾」的方式接觸同志客群？這是一個有趣的議題，因為同性戀的人物及議題，雖然在大眾媒體或流行文化上極為盛行，但在傳統保守主義的場域中，還是一個徹底的禁忌話題。猶如對於同性婚姻的法律認定，在許多國家中也是執政者眼中的「棘手問題」，但在美國和世界各地的許多國家通過及不同程度的開放過後，大眾已經越來越寬容以及可以接受這個一直流於歷史和社會文化規範之外的主題。本文即以此議題為開端，簡單梳理出同志消費的現況與消費動機。

　　透過文獻來檢視，多半來說，同志消費族群具有以下特質：1. 具高度令人難以置信的品牌忠誠；2. 是眾所周知的支持公開支持社區品牌；3. 調出品牌的公然歧視社區和準備，在任何給定的時間點，聚斂對他們的支持（Call out brands that openly discriminate the community and is ready, at any given point in time, to amass support against them）；4. 同性戀觀眾被稱為是極具影響力和文化破壞，經常發現和設置趨勢以及未來主流的曲線[5]；5. 其可以讓其他多元文化的受眾，不管種族、性別、膚色甚至是地域等劃分事實上，跨越了所有可以想像的人口界限。

　　其次，基於台灣男同志族群的消費現況與消費動機，從動機需求理論與同志自我認同理論的觀點出發，依據自我認同階段與次文化互動狀況，將其歸納為三個不同的消費型態階段，分別為「探索期」、「活躍期」、「淡出期」（陳薇帆，2007）。

　　陳薇帆（2007）也在文章中提及，在現今男同志次文化的消費型態，

5　前四項詳見：http://www.theawsc.com/2015/01/19/2015-should-be-the-year-of-lgbt-marketing/。

包含健身、服飾、名牌、美容保養。其次，其消費動機多為「歸屬感」與「尊重」的需求。探究原因可能來自於男同志長期受到的歧視與汙名，產生對「尊重」需求，亦或在與家庭、社會的疏離下，使得個體更加依賴同志群體，造成個體對於同志族群「歸屬感」的強烈需求，以此驅動消費上身分認同的展現。其也認為隨著次文化族群的互動程度改變，個體的消費型態與動機也會隨之改變。最後，男同志次文化具有多元性與異質性的特性，也會依據不同興趣與愛好所結合的次文化族群，不受主流文化擁有其消費風貌。

此部分在本文的調查過程中也發現趨同，如受訪者 S 詢問何謂同志的理想消費空間問題時，其回答：「對同志不會有所歧視及尊重的就是理想空間（S，台北市，29 歲）。」突顯出尊重的需求。

此外，陳薇帆（2007）也認為在探索期時，無力反擊的受訪者則多以安全需求、歸屬感需求為主導，維持「隱身」的消費型態。在活躍期時，個體已身處男同志次文化之中，當進行該次文化特有的消費型態時，即代表著追求屬於該次文化的身分認同，此消費動機即為歸屬感需求。而在探索期壓抑的環境中所醞釀出的尊重需求，更在活躍期階段激起了個體對於健身、名牌的消費。而後，轉至淡出期，個體則受圈內「青春至上」集群意識的影響，產生安全需求，進而進行保養抗老化與理財規劃的消費。有鑑於上述之思考，本文此相關意涵進行問卷設計，將於下研究設計提出。

參、研究設計

本部分將針對研究架構、調查方法與工具及抽樣的方式、問卷設計的步驟及分析方法予以介紹。過去學者針對同志族群的研究方式，有訪談及問卷調查的方式，在問卷調查方面，多半是派員到同志族群聚集的場所，如酒吧或餐廳訪談（Clift & Forrest, 1999a, b）；黃煦芬（2002）則考慮到研究對象為特殊族群且社會地位敏感，改以網路問卷的形式。本研究的研

究調查方式，將於下列作詳細說明：西方的同志文化中，旅遊與觀光向來占有非常重要的地位，近年逐漸受到各方的重視，但在學術上面的研究也是近十年才開始（Holcomb & Luongo, 1995）。有關同志旅遊研究，多是以質化或是文獻回顧方式進行（Hughes, 2002; Pritchard, 2000），部分原因是礙於母體取得困難，部分則是研究同志族群的心理層面而深度訪談的方式。而利用問卷量化方式來進行研究的則以 Clift 等人（1999a, b）為代表，他們運用立意抽樣方式，進行問卷調查，調查英國同志的旅遊動機、特性、旅遊目的地，其研究也被奉為圭臬。本研究因母群體的分布及人口資料未知，在抽樣方面有其困難性，此外在調查執行上還必須透過因此無法做到隨機抽樣的原則，而利用非隨機抽樣方式中的立意抽樣的方式，進行問卷調查。

一、研究與問卷架構

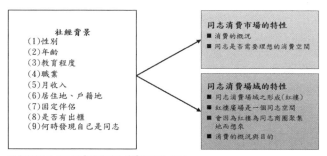

研究假定H1：社經背景對同志消費市場的影響
研究假定H2：社經背景對同志消費場域的影響

資料來源：圖表自繪

二、調查方法

　　本研究考慮到研究對象的不易接觸，且時間與成本的考量，因此調查工具則利用滾雪球協尋對象進行調查，爾後將相關問題盡可能的設定為封閉式、半開放與開放問卷之方式進行網路問卷，為避免網路問卷發放的缺點，因此在可能的情況下，請受否者留下通訊方式（鑒於受訪者可能有不願意透漏自身資料的特性，通訊方式主要是透過「通訊軟體 Line」進行電

話回撥）。

三、調查時間

調查時間為 2015 年 11 月 1 日至 2015 年 11 月 18 日期間。

四、調查樣本數

在抽樣部分，因採非隨機抽樣的立意抽樣方式，可能會因所接觸的受試者是屬於特定派別或有強烈的偏見，因造成偏誤而無法代表母群體，不過因本研究對象本屬於特殊群體，加上沒有正式的管道接觸，因此立意抽樣的便利優點，恰好符合，總共調查了 29 位男性同志。

五、信度

本研究訪談問卷研究者根據國內外相關文獻並訪談 3 位同志朋友過後編製而成，先由一位學者評閱及修正，確定問卷內容。然後邀請國內 2 位相關領域之專家，針對問卷內容、問卷架構和遣詞用字提供修正意見，以建立專家內容效度。

肆、研究分析

研究分析將針對「受訪者輪廓」、「受訪者生命歷程」、「消費行為之調查」三個部分說明。

一、受訪者輪廓

首先，就受訪者輪廓來觀察，本次共訪問 29 位人士，主要為男性，包含 25 位同性戀、4 位雙性戀；教育程度主要為大學（19 位），其次為碩士（10 位）；平均年齡為 29.03 歲（25-38 歲）；居住地主要為台北市（13 位）、其次為高雄市（5 位）；平均發現自己的性傾向的年齡為 16.41 歲。

月收入落差較大，從 0 元到 9 萬元皆有，平均為 3.9 萬元。詳細資料如下：

編碼[6]	性別	職業	教育程度	年齡	月收入（萬）	居住地	性別傾向
A	男	服務業	大學	32	3	高雄市	同性戀
B	男	服務業	大學	33	2.5	高雄市	同性戀
C	男	學生	大學	21	0.5	高雄市	同性戀
D	男	工程師	大學	29	2.5	高雄市	同性戀
E	男	學生	大學	21	1.5	新北市	同性戀
F	男	無業	大學	30	0	新北市	同性戀
G	男	作業員	大學	25	3.5	台南市	雙性戀
H	男	服務業	大學	24	3	新北市	同性戀
I	男	工程師	大學	38	5.5	台北市	同性戀
J	男	工程師	大學	36	3.5	台北市	同性戀
K	男	服務業	大學	35	4.5	新北市	同性戀
L	男	工程師	碩士	35	8	新北市	同性戀
M	男	服務	五專	27	2.5	高雄市	同性戀
N	男	設計師	大學	27	9	台北市	同性戀
O	男	生技產業	碩士	30	4	台北市	雙性戀
P	男	攝影師	碩士	28	2.5	紐約市	同性戀

6　本文希望藉由理解受訪者消費歷程之方式進行理解，故編碼方式以半結構的方式進行訪談與彙整。

（續上表）

編碼	性別	職業	教育程度	年齡	月收入（萬）	居住地	性別傾向
Q	男	金融業	碩士	33	4.5	台北市	同性戀
R	男	工程師	碩士	27	4	新北市	雙性戀
S	男	工程師	碩士	29	4	台北市	雙性戀
T	男	公務員	碩士	27	5	桃園市	同性戀
U	男	公務員	大學	27	4	中壢市	同性戀
V	男	工程師	碩士	29	6.5	新北市	同性戀
W	男	金融業	碩士	33	8.5	台北市	同性戀
X	男	工程師	大學	25	4.5	台北市	同性戀
Y	男	營養師	大學	26	4.5	台北市	同性戀
Z	男	學生	大學	26	1	苗栗市	同性戀
甲	男	自由業	碩士	31	3.5	台北市	同性戀
乙	男	金融業	大學	32	4.5	台北市	同性戀
丙	男	服務業	大學	26	5	台北市	同性戀
===	===	===	===	29	3.9	===	===

資料來源：表格自製

二、受訪者生命歷程

　　同性傾向究竟是性傾向是自然不可逆？還是其實是一種情慾在同性及異性間情慾的流動？其實並不是本文論述的重點，因為筆者認為重要是最終回歸個人的選擇性問題，諸如要怎麼過生活？怎麼去定義自己的身分。當然也會因為不同的個人因素、不適應同志文化、不願過同性戀的生活或

對同性戀身分感到不自在，並想重新定義自己的位置與身分的狀況。有鑑
於此，本文針對這個部分，在開始訪談前，都會讓受訪者思考一個問題，
即「如何以這個身分（同志、雙性）與人互動？」為開始，爾後針對「可
否概略談談您的「同志生活」？」，最後請其說明自身與同志相關的消費
狀況。

首先，對於針對同志生活而言，主要是想聚焦是否真的有「同志場域」
的形成，當然，拜科技之賜，這樣的場域除了實體空間之外，社群媒體與
手機交友軟體也給予同志族群在生活上很大的便利性。

> 其實沒有什麼太大差別，交友透過網路 APP 都很發達。
> 但一同出門的話，則比較少，現階段還是跟一般好朋友出去較
> 多。……（A，高雄市，32 歲）

> 交友方式有使用同志交友軟體，並無在 FB、LINE、BBS 上
> 認識其他同志。出入同志的場合最多就夜店或 BAR，沒去過三溫
> 暖或主題派對或遊行。……（乙，台北市，32 歲）

> 交友方式與異性戀無異，所有現行主流的軟體皆有使用（當
> 然還有一些專為同志族群設計的 APP），至於生活圈的部分我想
> 跟異性戀無異，一樣會跟朋友出遊，聚餐等等……。（F，新北市，
> 30 歲）

> 交友主要是使用交友軟體 jack'd、參加不同 line 群組（ex：
> 自助旅行）以及參加不同社團（羽球隊、桌遊團），偶爾也會和
> 朋友聚會吃飯聊天並去同志夜店……。（L，新北市，35 歲）

透過調查顯示，日常生活對於同志族群來說並無異，主要是會在假日
與同志朋友相聚（例如：西門町紅樓廣場）。

> 很簡單，平常上班過後就會去健身房運動，假日主要跟朋友

聚會（包含一般的朋友以及同志朋友）。跟同志朋友出遊主要會
去的地方是西門町紅樓。……（R，新北市，27 歲）

平日就下班後有空閒時間就去運動，為了身體健康與體態，
可以吸引到其他同群，周末與圈內朋友吃飯與喝酒……。（S，
台北市，29 歲）

且特別的是，也有部分的受訪者表示，根本無需區分同志場域，因為
特設場域的行為本身來說就是一種非正常的作為。

朋友大多來自求學生涯的夥伴：國小、國中、高中、大學。
少部分來自工作上的同事。並沒有習慣出入所謂的同志空間。覺
得整個世界只要是我感興趣的地方，都是屬於我的「同志」空
間。……（N，台北市，27 歲）

其次，針對同志身分互動而言，總體來觀察，多數受訪者鑑於社會觀
感與家庭等種種社會文化因素之影響，多半都呈現出如受訪者 W 所言的
「兩個世界」的狀態，甚至如受訪者乙用臉書（Facebook）的兩個帳號區
分同志與非同志的朋友。

大多數為同志朋友、有少部分異性戀朋友知道同志身分、對
少數知情朋友、就一般朋友閒聊、也會為異性朋友解釋同志朋友
的日常生活及相關歧視問題開導、至於大多數同志朋友則一般閒
聊及相關日常問題、討論及生活問題詢問、及如何對自己同志身
分瞭解。……（H，新北市，24 歲）

用臉書的兩個帳號區分同志與非同志的朋友……。（乙，台
北市，32 歲）

在同志族群的世界中，有著同志朋友以及異性戀朋友，對少數知情朋
友、就一般朋友閒聊、也會為異性朋友解釋同志朋友的日常生活及相關歧

視問題開導、至於大多數同志朋友則一般閒聊及相關日常問題、討論及生活問題及如何對自己同志身分瞭解。而在這樣的生活互動中，似乎在「圈內」會有一種做自己的感覺。當然，也有不分受訪，無須區分，做自己較為自在。

> 兩個世界，應該是圈內，另一個是圈外。圈內會有一種所謂「做自己」的感覺。……（W，台北市，33歲）

> 沒有刻意以性向區分朋友類群，互動上都也無特別差別。簡單的說無論對任何性向的互動，都保持一致的標準。無向自己父母出櫃，主要原因擔心父母觀念保守無法接受。有一位哥哥，知道彼此性向，並且依舊保持聯繫。……（N，台北市，27歲）

> 出櫃狀態！做自己好自在……（Z，苗栗市，26歲）

三、消費場域行為之調查

針對同志消費而言，筆者認同受訪者 N 所謂：「我覺得世界並不是區分成：與同志有關的消費或是與同志無關的消費，所有的人都有可能去任何地點消費任何事物。」但透過訪談發現，同志消費的行為是有一定的消費場域的，透過下表的彙整可以發現，同志主要消費狀況包含同志夜店、咖啡廳、相關服飾品牌、三溫暖、健身房、以同志為題之公開活動消費。而位於台北市西門町之紅樓廣場是許多同志都會聚集以及將其視為「同志消費的場域」，由此可知，紅樓對於同志消費行為的重要性。

個人基本資料與消費狀況的關係

編碼	職業	年齡	居住地	消費狀況
A	服務業	32	高雄市	同志夜店、同志品牌內衣褲。
B	服務業	33	高雄市	夜店、酒吧。
C	學生	21	高雄市	咖啡廳、（dreamer）紅樓、服飾店（紅樓）。

（續上表）

編碼	職業	年齡	居住地	消費狀況
D	工程師	29	高雄市	圈內夜店咖啡、衣服店消費。
E	學生	21	新北市	無
F	無業	30	新北市	夜店、以同志為題之公開活動（遊行，party……等）。
G	作業員	25	台南市	三溫暖
H	服務業	24	新北市	同志酒吧、紅樓、健身房、網路同志情趣同志用品。
I	工程師	38	台北	無
J	工程師	36	台北市	無
K	服務業	35	新北市	同志服飾店
L	工程師	35	新北市	圈內酒吧及夜店
M	服務	27	高雄市	無
N	設計師	27	台北市	無區分
O	生技產業	30	台北市	＝
P	攝影師	28	紐約市	同志夜店
Q	金融業	33	台北市	同志夜店
R	工程師	27	新北市	同志夜店、紅樓。
S	工程師	29	台北市	紅樓
T	公務員	27	桃園市	同志夜店、紅樓。
U	公務員	27	中壢市	紅樓、同志夜店。
V	工程師	29	新北市	夜店及紅樓
W	金融業	33	台北市	紅樓、東區及西門的夜店。
X	工程師	25	台北市	夜店、酒吧、衣服、出國。
Y	營養師	26	台北市	無
Z	學生	26	苗栗市	咖啡廳
甲	自由業	31	台北市	朋友（圈內）開的理髮店
乙	金融業	32	台北市	同志夜店
丙	服務業	26	台北市	同志夜店
＝	＝	＝	＝	＝

資料來源：表格自製

本研究欲探討台灣同志場域之消費行為，並以紅樓廣場為個案，以多元調查之方式，進行理解此「彩虹利基場域」的現況，以下針對下述問題進行理解：透過調查本研究 29 位受訪者共有 28 位去過紅樓廣場，第一次去的原因皆為朋友邀約，其次為慕名而去。針對有回答的受訪者，去的頻率以每周一次為最多（31%），其次為每月一次（26%），再次為每年一次（17%），平均消費為 315 元。

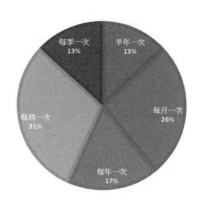

資料來源：圖表自繪

Just a market
去紅樓的目的對圈內來說，可認識新朋友，看各種形形色色的圈內人；朋友邀約而過來紅樓是主因。
只跟圈內朋友聊天時才會去，可有可無，就跟去綠蓋感覺相同。
交朋友、認識朋友的朋友。
交朋友、聚會。
交通方便的場域，並且可以做自己。
交際
同志常去聚集地、交友、很多熊。
因為很多種都會聚集在這裡
我覺得紅樓就是一個可以認識朋友與交流的地方
看人居多

（續上表）

看菜
純粹和朋友聊天
基於交通而且朋友都會約在這裡，所以以要上台北就會過來。
聊天的地方
聊天順便看菜
都有交朋友看菜都可
單純找個地方可以坐著聊天
跟去自由廣場、赤崁樓一樣，沒啥太特別。
算是一個滿無聊的喝酒地方，單純就位子比較多有露天可以坐下這樣。
聯絡感情居多，開帥哥算是附加價值。
覺得紅樓是一個集合文創、同志文化的聚集地，也是一個不錯的社交場所，緊鄰捷運與公車，所以很方便。

資料來源：表格自製

　　而針對消費金額與到此消費的動機來看，消費金額多半為幾百塊，然而，就這樣特殊的場域特性來看，我們可以發現幾項消費特質：

（一）社群消費群聚性：基於它是一個眾多同志朋友都會去的場域，基於這樣的群聚性，也會吸引不同同志到此消費。

（二）交通購物便利性：同志朋友多半都會聚集在這樣，除了上述原因之外，交通便利以及附近緊鄰西門商圈可以逛街消費也是一個很重要的原因。

（三）個人歸屬認定性：來到紅樓廣場多半會有歸屬感，這樣與文獻分析

的部分說明不謀而合。

（四）做自己的價值觀：也因為到此消費的人多為同志族群，因此在語言、行為上也都可以比較不用在意別人目光。

（五）其他考量因素當然還有許多同志朋友不會去紅樓廣場，基於它目前的經營方式與屬性。

伍、結語

本文希冀透過訪談，針對台灣同志場域消費行為進行初探，透過研究發現根本上有許多限制。在調查方法上，基於隱匿性，我們在接受受訪者僅能夠用滾雪球的方式進行訪談，以至於在調查結果上多半是「男同志」的觀點，較缺乏女同性戀以及跨性別認同者之意見。另外，同志議題往往涉及的不僅是性別議題，甚至在文化、政治、經濟議題上都可能會有所涉及，因此，本文聚焦的是這樣的消費場域是否有形成？以及受訪者是否認同這樣的消費空間。

針對問卷內容詢問「你是否會因為紅樓為同志商圈聚集地而比較想來？」有四成五的受訪者覺得「會」，而「不會」以及「不一定」的還是占據五成五以上，探究其原因，多數受訪者還是認為不應該有所區別，而贊成的受否者也可發現些許被不平等或差異對待下的妥協。透過調查也可以發現社群消費群聚性、交通購物便利性、個人歸屬認定性、做自己的價值觀以及其他考量因素也是觸及這樣場域形成的誘因。

然而，本文認為台灣社會對於同性戀議題上，基於社會價值觀，普遍還是有所芥蒂的，所以需要一個去非異性戀的場域，讓有些人能夠喘口氣。

在這樣的場域中，能夠不在乎主流性向的眼光，說自己有興趣的話題，做
自己感興趣的事物。但實質上，所謂理想的同志場域，應該不是築起牆來
把同類都放在牆的一邊，把異類放到牆的另一邊。真正的理想場域，是無
論不管什麼性別什麼角色什麼人物都能夠感到被尊重與舒服，是一個不需
要劃分族群就能夠存在友善互動的場域才是真正的「彩虹利基場域」。

參考文獻

一、中文文獻

林純德（2010），〈同志消費政治與同志平權運動：同志遊行背後的運動路線之爭〉，載於何春蕤主編《連結性：兩岸三地性／別新局》，頁 237-276。桃園市：中央大學性／別研究室。

陳薇帆（2007），《探討男同志次文化族群在不同認同階段的消費型態－以動機需求觀點》。台北：國立台灣大學國際企業研究所碩士論文（未出版）。

黃煦芬（2002），《台灣地區特殊族群消費傾向研究－以同志族群為例》。桃園市，長庚大學企業管理研究所碩士論文（未出版）。

賴政宏（2010），《男同志台北結：台灣男同志移居台北的期待與其實際處境》。台北市：世新大學性別研究所碩士論文（未出版）。

羅毓嘉（2010），《男柯一夢夢紅樓：西門紅樓南廣場的「同志市民空間」》。台北市：國立台灣大學新聞學研究所碩士論文（未出版）。

二、外文文獻

Chasin, A. (2000), *Selling Out: The Gay and Lesbian Movement Goes To Market*. New York: Palgrave.

Clift, S. & Forrest, S. (1999a), Gay men and tourism: destinations and holiday motivations, *Tourism Management*, 20, 615-625.

Clift, S. & Forrest, S. (1999b), Factors associated with gay men's sexual behaviours and risk on holiday, *AIDS Care*, 11(3), 281-295.

Holcomb, B. & Luongo, M. (1995), Gay tourism in the United States, *Research Notes and Reports*, 711-713.

Hugues, H. (2002), Marketing gay tourism in Manchester: New market for urban tourism or destruction of "gay space", *Journal of Vacation Marketing*, 9(2), 152-163.

Pitchard, A. & Morgan, N. J. (2000), Constructing tourism landscapes-gender, sexuality and space, *Tourism Geographies*, 2(2), 115-139.

Shih, S. H. (2012), The Mother Monsters of the Queers: Constructing Gay Identity

through the Images of Famous Female Singers, from Garland, Madonna to Gaga, *Cultural Studies Monthly*, 128, 24-33.

三、網路資料

http://www.theawsc.com/2015/01/19/2015-should-be-the-year-of-lgbt-marketing/
http://www.witeck.com/pressreleases/lgbt-2013-buying-power/

我國校園性別事件之處理流程與防治作為：從 Jolin 演唱會播放《葉永鋕紀錄片》談起[*]

李偉敬[**]

* 本文章曾於 2015 年 12 月 11 日開南大學通識教育學術研討會中發表，另本文亦部分
  引自本人博士論文〈台灣推動性別平權之制度規範分析：以性別平等教育法為核心〉
  第四章內容，併此說明。

** 台灣師範大學政治學研究所博士、宜蘭縣中道高中輔導主任兼性平會執行秘書。

摘要

本文撰寫期間，適逢歌手 Jolin 蔡依林在 2015 年的演唱會被
《葉永鋕紀錄片》感動哽咽，並向歌迷大聲疾呼尊重多元性別，
此舉除了讓歌迷及社會大眾共同反思社會對於多元性別的認同度
及尊重度是否成熟，也讓人發覺在校園內，仍然存在性別歧視、
性騷擾、甚至是性侵害的事件。

如何透過介紹《性別平等教育法》的目標與處理校園性別
事件的實際案例，讓校園師生之間除了可以避免因為對於校園
性別事件的態樣及處理不瞭解而觸犯相關規定，更可以讓可能
已經藏在校園的校園性別事件，透過進一步認識性平法等相關
法令的規範及落實，讓性別平等及無歧視的友善校園環境，及
早達成目標。

本文將從葉永鋕事件談到《性別平等教育法》的修法，並說
明校園性別事件的種類與特性，再進一步介紹處理校園性別事件
的流程，最後再彙整相關對於校園性別事件的整理，提出目前在
校園對於防治校園性別事件之建議及結論。

關鍵字：校園性別事件、性別平等教育法、多元性別、性別人權

壹、前言

「歌手蔡依林（Jolin）在 2015 年 11 月 7、8 日台北的演唱
會上播放《玫瑰少年葉永鋕紀錄片》，依往例蔡依林在演唱〈不
一樣又怎樣〉前，都會播放一支爭取平權的 VCR，《葉永鋕紀錄
片》故事一播出後，讓現場上萬人一同落淚，連蔡依林在講話時
都忍不住爆哭，這支短片也在網路上公開，引發網友的瘋狂觀看
及討論。……」

節錄自網路新聞

本文就是從這個出發點來探討，進一步檢視目前校園中仍然存在的
校園性別歧視、性騷擾、性霸凌，甚至是性侵害事件。雖然我國實施《性
別平等教育法》（以下簡稱《性平法》）已經超過 10 年，也制定許多明
確對於學校教育人員遇到上述校園性別事件的通報、調查、輔導處遇甚
至是懲處等作業準則，讓所有教育人員有了遵循的處理方式。基此，本
文將從葉永鋕事件談到《性平法》的修法，說明現行《性平法》中對於
校園性侵害、性騷擾或性霸凌事件（以下簡稱校園性別事件）的類型與
特色，並介紹處理校園性別事件的流程及注意事項，最後再從校園性別
事件處理、身體自主權教育宣導、友善校園多元尊重等層面，提出對於
校園性別事件之防治的建議及結論。

貳、性別平等教育法的催生及概述

其實除了前述的《葉永鋕紀錄片》外，數年前的專書《擁抱玫瑰少
年》，以及透過網路上許多的專題報導，也都有描繪出他的故事及對《性

平法》的影響，更對日後《性平法》處理校園性別事件，有了更完善的規範，本文略述如下：

一、葉永鋕事件概述

性別平等教育的重要事件～發生於屏東縣高樹國中的「葉永鋕事件」，事件也在《擁抱玫瑰少年》書中記錄，此事件可謂台灣教育史上沾滿血跡淚痕的一頁。時間倒轉至 2000 年 4 月 20 日上午，距離下課還有 5 分鐘，高樹國中 3 年 2 班學生葉永鋕舉手告訴老師想去尿尿。但他離開教室後，竟再也沒有回來。秀氣溫柔的葉永鋕後來被發現頭部重創，倒臥學校廁所，送醫急救仍不治死亡。這則原本由地方媒體披露的小新聞，觸動了社運人士的敏銳嗅覺，在網路上廣為流傳，隨即點燃一把革命之火。葉永鋕為何趕在下課鐘響前獨自去上廁所？他究竟是怎麼死的？學校裡還有多少像葉永鋕一樣性別氣質陰柔的孩子，必須默默忍受同儕的嘲笑與霸凌？之後經過幾年的司法訴訟，本案三位被告，包括該校前任校長、前總務主任、前庶務組長被法院判決過失致死，三審定讞不得上訴。

其實在這個事件發生之前，葉永鋕有一個不為人知的祕密，那就是他時常會被男同學嘲笑、脫褲子、以求「驗明正身」，他為了避免上廁所時遭到男同學的嘲弄，只好總是在下課前幾分鐘提早上廁所，或是為了獨自上廁所而上課遲到。在 2015 年 11 月 Jolin 演唱會播放的《葉永鋕紀錄片》中，葉媽媽就提到，葉永鋕上了國中後，因為原有的女性氣質被排擠，在上廁所時遭到同學脫褲霸凌，讓他不敢在下課時間上廁所，才導致前述的悲劇產生。

在《葉永鋕紀錄片》中，葉永鋕的媽媽提到，兒子生前因為女性化，連當時小學老師都建議她帶去看心理醫生，但醫生保證孩子沒問題，醫生更對著葉媽媽說：「看他不正常的人，本身就不正常！」但是卻在國中發生了憾事。本紀錄片不僅讓 Jolin 演唱會台下觀眾哭成淚海，也再度引起

社會大眾關注校園性別暴力的問題。

二、催生性別平等教育法的修法

　　葉永鋕同學的死亡，讓當時社會暸解到學校教育體制內應對於不同的性取向的學生加以尊重並保障學生學習的安全環境，而玫瑰少年葉永鋕事件，其不幸促進了 2004 年《性別平等教育法》的立法通過，喚起各界對性別平等教育的重視（蘇芊玲、蕭昭君，2006）。因此在 2004 年 6 月 23 日所公布的《性別平等教育法》條文中，明文規定以「性別」取代「兩性」。此外，《性平法》在第 1 章總則第 1 條就開宗明義的說明：「為促進性別地位之實質平等，消除性別歧視，維護人格尊嚴，厚植並建立性別平等之教育資源與環境，特制定本法。」就是在強調《性平法》促進性別地位實質平等的基本立法精神與內涵。其他內容包含：確立性別平等教育之組織的法律地位與功能、學校教育在師資、課程、教學、評量與學校環境等辦學要項應具備之性別平等教育之內涵、品質與職責。同時明訂性別差異者之應受尊重，而為發展性別多元文化無論校園空間、教材選擇、教學活動等在本法中都有所規定並要求建立機制。當時《性平法》的目標，主要如下：

（一）消極目標：禁止性別歧視

　　《性平法》明文規定保障不同性別或性傾向者的受教權，如第 12 條「學校應尊重學生與教職員工之性別特質及性傾向。」第 13 條「學校之招生及就學許可不得有性別或性傾向之差別待遇。」第 14 條「學校不得因學生之性別或性傾向而給予教學、活動、評量、獎懲、福利及服務上之差別待遇。……學校對因性別或性傾向而處於不利處境之學生應積極提供協助，以改善其處境。」第 17 條「學校之課程設置及活動設計，應鼓勵學生發揮潛能，不得因性別而有差別待遇。國民中小學除應將性別平等教育融入課程外，每學期應實施性別平等教育相關課程或活動至少四小時。高級中等學校及專科學校五年制前三年應將性別平等教育融入課程。」

在傳統的社會體系下「男主外，女主內」和「男兒有淚不輕彈」主控了我們性別的認知世界並創造了「性別刻板印象」。所以我們必須在教育中，培養學生對於性別的多元思考。使學生瞭解性別刻板印象會造成性別歧視，嚴重的性別歧視會造成被歧視者一輩子的傷痛。而 Jolin 也在臉書轉貼《玫瑰少年葉永鋕紀錄片》時有感而發提到：「我們被教育著什麼叫正常，什麼是對的。但是，很少被教育我們要有一顆包容心，學會接納。」

（二）積極目標：鼓勵平等與多元，重視性別人權的友善文化與環境

性別平等是一種價值，一種思維方式，更是一種行動目的。追求性別平等是基於對人的尊重，對個人主體生存尊嚴與權力的尊重，因此，引導國人面對多元文化之現代社會時，在消極面上如何反制歧視，消弭性別偏見、揚棄傳統性別歧視觀點、解構傳統性別不平等結構；在積極面上則著力於追求性別平等，尊重性別差異、涵養性別平等觀念，並積極重建個體性別角色之主體性。

學校亦應正視性傾向之多元性，給予異性戀、同性戀等不同性傾向平等對待，並尊重學生及教職員工之選擇。《性平法》第 13 條為避免因性別或性取向影響學生之就學機會，即明定「學校之招生及就學許可不得有性別或性傾向之差別待遇。……」；第 14 條亦規定「學校不得因學生之性別或性傾向而給予教學、活動、評量、獎懲、福利及服務上之差別待遇。……」清楚說明尊重多元性別特質對學生就學權利的重要性。該法施行細則第 13 條亦規定「本法第 17 條第 2 項所定性別平等教育相關課程，應涵蓋情感教育、性教育、同志教育等課程，以提昇學生之性別平等意識。」

也因為如此，在《玫瑰少年葉永鋕紀錄片》中，葉媽媽堅強大喊，「孩子們，你們要勇敢，天地創造你們這樣的一個人，一定有一道曙光，讓你們去爭取人權」、「孩子們，你們不要哭，你們哭，哭會顯得我們懦弱，我們沒有錯，我們要向著陽光，去爭取我們的權利」。除了讓不少人擁有

更多正面能量與勇氣，也讓社會開始爭取並擴大性別人權的內涵。

（三）特殊關切：性侵害、性騷擾及性霸凌之防治

整個《性平法》有另一個重點，就是在防治校園性侵害、性騷擾及性霸凌事件，並處理校園性別平等事件之申請調查、處理、懲處及救濟等規範及流程。其中，《性平法》所特殊關切之校園性別事件事件（性侵害、性騷擾、性霸凌），就是本文主要討論的內容。

參、校園性別事件的類型與特性

根據教育部統計處性別統計指標，對校園性侵害、性騷擾性別統計所公布的統計資料[1]，2011 ～ 2013 年經校安及法定通報的校園性侵害事件分別有 1652、2491、1660 件；校園性騷擾事件則分別有 2018、2632、2733 件；校園性霸凌事件在 2013 年則有通報 28 件[2]。但若加上推測未被知悉或未依法通報的校園性別事件，整體發生的校園性別事件，絕對遠高於上述數字，也因如此，校園校別事件當然會受到社會、媒體及教育當局的高度重視。學者吳志光指出：通報數量的大幅成長背後的原因，與其說是校園性別事件的日益嚴重，毋寧是歸諸於下列兩大因素：其一，學校在依法通報的壓力下，自然減少未通報的校園性別事件；其二則為學生及教育人員性別意識的增強（吳志光，2014）。

我國現行的《性平法》第 2 條第 7 款定義，校園性侵害、性騷擾或性

1　http://www.edu.tw/STATISTICS/content.aspx?site_content_sn=8168。

2　《性平法》於 2004 年 6 月 23 日制訂時，僅規定校園「性侵害」、「性騷擾」事件；2011 年 6 月 7 日修法時，始增列校園「性霸凌」事件，故統計資料於 2013 年才有呈現，惟類此之性霸凌事件，並非之前皆未發生，特此說明。

霸凌事件，是指事件之一方為學校校長、教師、職員、工友或學生，他方為學生者。而依據《校園性侵害性騷擾或性霸凌防治準則》第9條對於職員、工友之定義，則指教師以外，固定或定期執行學校事務之人員。所以《性平法》中對校園性別事件的規範主要是基於身分關係而來，並非是依據地點等其他考量。簡言之，校園性侵害或性騷擾事件範圍之界定，非以事件發生地點為區分標準，而以事件發生時之身分為區分標準。至於校園性別事件的類型與特性，說明如下：

一、 校園性侵害事件之類型與特性

依據《性平法》第2條第3款之規定，所謂性侵害係指《性侵害犯罪防治法》所稱性侵害犯罪之行為。而2005年修正公布施行的《性侵害犯罪防治法》所稱性侵害犯罪，係指觸《刑法》法第221條至第227條、第228條、第229條、第332條第2項第2款、第334條第2款、第348條第2項第1款及其特別法之罪。

因此，就《性平法》所認定之性侵害，應依照《刑法》之規定為準。也就是應包含《刑法》的「強制性交罪（§221）」、「加重強制性交罪（§222）」、「強制猥褻罪（§224）」、「加重強制猥褻罪（§224之1）」、「乘機性交猥褻罪（§225）」、「對未滿14、16歲之男女為性交罪猥褻罪（§227）」、「利用權勢性交或猥褻罪（§228）」、「詐術性交罪（§229）」、「犯強盜罪而為強制性交罪（§332）」、「犯海盜罪而為強制性交罪（§338）」、「犯擄人勒贖罪而為強制性交罪（§348）」等態樣。

以上《刑法》述及的條文中，大部分皆出自《刑法》第16章「妨害性自主罪」。此章原名「妨害風化罪」，於1999年4月增訂修正並更名為「妨害性自主罪」章。此章節之「性交」定義，《刑法》的第10條就定義：「稱性交者，謂非基於正當目的所為之下列性侵入行為：一、以性

器進入他人之性器、肛門或口腔，或使之接合之行為。二、以性器以外之其他身體部位或器物進入他人之性器、肛門，或使之接合之行為。」簡言之，性侵害行為係行為人於違反被行為人意願下，基於性意圖，以性器進入他人之性器、肛門或口腔，或使之接合之行為；或以其他身體部位或器物侵入被行為人之性器、肛門，或使之接合。而立法者對於「猥褻」並無以法律條文解釋，司法實務上認為，刑法上之猥褻罪，係指未達性交程度，其他足以刺激或滿足性慾之一切色情行為而言[3]。

故校園性侵害事件，係指一方為學校校長、教師、職員、工友或學生，他方為學生，其行為符合上述《刑法》相關規定時，即屬認定為校園性侵害事件，必須受到《性平法》相關規範。換言之，當事人的關係可以說是判斷該性侵害事件是否屬於校園性侵害的關鍵，而不是由事件發生的場域是否為校園內來界定。即使發生場域不是在校園中，仍屬於校園性騷擾，除按相關法規處理之外，需依照《性平法》及《校園性侵害性騷擾或性霸凌防治準則》（以下簡稱《防治準則》）來處理。

根據教育部統計處 2013 年「校園性侵害事件調查屬實統計──按當事人關係統計（包含 16 歲以下間之合意案件數）」資料顯示[4]，經調查屬實之校園性侵害事件當事人關係中，發生比例最高為生對生，高達94.76%；教職員工對生之比例為 4.98%；生對教職員工比例為 0.26%。可見一般而言，學生與學生之間的校園性侵害事件占了絕大部分，其中也包

3　參考最高法院 63 年台上字第 2235 號判例，提及《刑法》所稱之猥褻，除指係指姦淫以外，有關風化之一切色欲行為，該判例再加以解釋認係指足以興奮或滿足性慾之一切色情行為而言。而司法院大法官釋字第 617 號解釋更指出，所謂猥褻，指客觀上足以刺激或滿足性慾，其內容可與性器官、性行為及性文化之描繪與論述聯結，且須以引起普通一般人羞恥或厭惡感而侵害性的道德感情，有礙於社會風化者為限（參照釋字第 407 號解釋）。

4　資料參考教育部統計處網站 http://depart.moe.edu.tw/ED4500/cp.aspx?n=0A95D1021CCA80AE。

含雙方均為 16 歲以下之合意發生性行為及猥褻行為之類型，此外，經過《性平法》10 多年的落實執行，教職員工對於學生的性侵害事件有明顯減少，嚴懲這些狼師並列入不適任教師通報網中，這也是《性平法》重要的立法意旨。

二、 校園性騷擾事件之類型與特性

校園性騷擾事件，一般來說可以分為兩類：

1. 交換式性騷擾：指一方利用職權以學業成績或工作為要脅，明示或暗示要求另一方提供性服務作為交換；

2. 敵意環境性騷擾：任何針對校園教職員工生所為、影響其學習或工作環境的性騷擾行為。

若參照《性平法》第 2 條第 4 款之規定，性騷擾係指符合下列情形之一，且未達性侵害之程度者：1. 以明示或暗示之方式，從事不受歡迎且具有性意味或性別歧視之言詞或行為，致影響他人之人格尊嚴、學習、或工作之機會或表現者（屬交換式之性騷擾）；2. 以性或性別有關之行為，作為自己或他人獲得、喪失或減損其學習或工作有關權益之條件者（屬敵意環境之性騷擾）。在《性平法》的立法說明中，有進一步的解釋：性騷擾定義中所謂不受歡迎且具有性意味之言語或行為，係指被害人所不喜歡而與性有關之接觸，如，撫摸頭髮或肩膀、提出要求發生性行為或服務、性意味之言語或行為如三字經、黃色笑話、取笑異性身材、展示色情圖片、暴露狂等；性別歧視係指基於性別、性別特質、性取向所為而含有歧視之行為[5]。

---

5 資料參考教育部性別平等教育網 https://www.gender.edu.tw/web/index.php/m3/m3_01_01?sid=86。

換言之，校園性騷擾的涵蓋範圍相當的廣泛，從帶有性意味、性暗示或性別歧視的言論、文字，到不受歡迎的肢體觸碰；或以性或性別有關之行為，作為自己或他人獲得、喪失或減損其學習或工作有關權益之條件者，都是性騷擾。同前所述，校園性騷擾事件係指雙方當事人為校園之教職員工生對學生之言語或行為。它雖然可能發生在校園的各種人際關係之間，但在性別與階層雙重權力關係運作之下，通常以生對生、男對女、男教師對女學生較多，至於學校同事間的性騷擾因屬於《性別工作平等法》的規範範圍，本文不加討論。

　　在目前的性別文化影響下，校園內發生於同儕之間對於非傳統性別特質者（例如氣質陰柔的男孩，或是陽剛的女孩），或是性傾向不同者的歧視與騷擾行為，都是常見的校園性騷擾樣態。也由於騷擾者處於權力較高的位置，使得受害人經常於事發當時或無力反抗，或不得不屈從，事後也不敢聲張，導致其身心受損，學習與工作權益皆受到影響。因此，為維護校園善意與安全空間，妥善處理校園性騷擾事件是學校責無旁貸的責任。

　　不管是色瞇瞇的窺視或盯視、令人不舒服的黃色笑話、暴露狂、有意無意的身體碰觸，或是其他身體侵犯行為等，都包括在其中。所以即使只是輕微的動作或是令人不悅的玩笑，但只要是當事人不歡迎而且違反其意願的，都是性騷擾。也就是說，性騷擾之認定標準應以接受者，而非行為人之主觀感受為主。這是對個人尊嚴與身體自主權最基本的尊重。

　　根據教育部統計處 2013 年「校園性騷擾事件調查屬實統計──按當事人關係統計」資料顯示，經調查屬實之校園性騷擾事件當事人關係中，發生比例最高為生對生，高達 87.19%；教職員工對生之比例為 9.78%；生對教職員工比例為 3.03%。可見一般而言，學生與學生之間的校園性騷擾事件占了絕大部分，但是教職員工對於學生的校園性騷擾事件，卻是更要加以注意並杜絕的重點。

三、 校園性霸凌事件之類型與特性

依據《性平法》第 2 條第 5 款之規定，增列「性霸凌」之定義係指透過語言、肢體或其他暴力對於他人之性別特徵、性別氣質、性傾向、性別認同，進行貶抑、攻擊或威脅之行為且非屬性騷擾者。在主流異性戀常規之下，「男陽剛、女陰柔」的特質分化，不符合陽剛男性形象的陰柔男性常被貶抑與歧視，成為陽剛文化支配價值運作下的犧牲者（游美惠，2013）。

教育部防制校園霸凌專區[6]宣導校園霸凌之要件為：具有欺侮行為、具有故意傷害的意圖、造成生理或心理的傷害、雙方勢力（地位）不對等、其他霸凌因應小組確認之情狀。在各種霸凌行為中，以性別特徵、性別特質、性傾向、性別認同為題材，而加以譏笑、嘲諷、評論或侵犯者，稱為「性霸凌」，屬於言語貶抑的性霸凌。此外，若例如：男學生間「刷卡」、「捉鳥」、「脫褲子」、「阿魯巴」等涉及性器官的活動，則屬於攻擊性的性霸凌。

特別要提出的是，教育部於 2015 年 7 月 15 日所頒布的台教學（三）字第 1040091045 號函示，內容提到參照該條文立法過程資料，立法通過時並無性霸凌需「長期或重複」之要件（一般學術研究所述「持續」及「連續」之概念），爰遭受性霸凌之被害人僅受一次傷害，即有構成性霸凌之可能。函示並要求各級學校之性平會於調查處理校園性霸凌事件時，確依前開定義處理，以避免遭性霸凌之被害人已受傷害，卻因不符「持續」及「連續」之概而未能被認定為遭受性霸凌屬實（建議依照《性平法施行細則》第 2 條第 2 項規定，於事實認定時審酌事件發生之背景、學習環境、當事人之關係、行為人之言詞、行為及相對人之認知等具體事實為之）。

---

6 參見教育部防制校園霸凌專區 https://csrc.edu.tw/bully/index.asp。

肆、校園性別事件的處理流程

關於如何處理校園性別事件的法源依據，有法律層級的《性平法》；有法規命令層級的《防治準則》、《性平法施行細則》；也有行政規則層級的校園性侵害或性騷擾調查及處理流程 Q&A、各級學校處理性校園性侵害或性騷擾事件適用說明一覽表、教育部函示；與各校自行訂定的防治規定等。若有發生（或疑似發生）校園性別事件時，上述的性平法及相關規範均有明確的處理流程，茲簡述如下：

一、通報及受理階段

（一）通報階段～教育人員的通報義務

依據《性平法》第 21 條第 1 項規定，學校校長、教師、職員或工友知悉服務學校發生疑似校園性侵害、性騷擾或性霸凌事件者，除應立即依學校防治規定所定權責，以及《依性侵害犯罪防治法》等相關法律規定通報外，並應向學校及當地直轄市、縣（市）主管機關通報，至遲不得超過 24 小時。

學校的教育人員若知悉有發生（或疑似）校園校別事件時，就必須要進行教育部的校安通報，與法定通報（即社政通報，目前主要是透過網路：關懷 e 起來）[7]，對於事件之相關當事人也必須嚴守保密原則，相關資料須妥善保密、封存、保管。未依規定通報之處罰，依《性平法》第 36 條與第 36-1 之規定，將處以罰緩，甚至解聘或免職，其處分之重，以致於不論是否為校園性騷擾事件，為避免造成違法之虞，因產生不怕一萬只怕萬一的心理，只好一律通報（陳襄睿、張嘉育，2014）。

7　參見網址 https://ecare.mohw.gov.tw/。

教育部也透過決議及函示明確規範校長、教師於執行職務知有校園性侵害事件，未依規定通報，予以記大過之嚴懲，以符保護學生之立場，並藉此強化教育人員通報意識及辨識能力，以期杜絕校園性侵害事件發生。

（二）受理階段～進入性平會程序

依《性平法》第 21 條第 3 項規定，學校或主管機關處理校園性侵害或性騷擾事件，除依相關法律或法規規定通報外，並應將該事件交由所設之性別平等教育委員會調查處理。依《性平法》規定，對於校園性別事件之被害人或其法定代理人得以書面向行為人所屬學校申請調查，學校人員也可以檢舉調查（若經媒體揭露本事件，視為檢舉）。無論是申請案或檢舉案，一般來說，大部分的大專院校及高中職之受理單位為學生事務處。學務處收件後，除了有不予受理之事由外，應於 3 個工作日交給性平會來調查處理。然依據《性別平等教育法》之規定，性平會負有草擬政策，執行規劃，監督成效以及調查處置性別違法事件之責任。

對於校園性別事件之申請或檢舉，依法並無時效限制，不論事隔多少年或申請人是否已經畢業，只要事發當時，雙方皆符合《性平法》所規範之對象，就可依《性平法》受理調查，沒有申請調查時間之限制（羅燦煐，2005）。因此，若教師有接到學生反應疑似有校園性別事件時，應立即將事件告知學校，由學校相關單位進行依法通報、輔導、告知權益、提供救濟管道，鼓勵被害學生儘早提出申請調查。

二、調查及處理階段

（一）調查階段～性平會及調查小組的職責

學校性平會之成員依據《性平法》第 9 條規定，置委員五至二十一人，採任期制，以校長為主任委員，其中女性委員應占委員總數二分之一以上，並得聘具性別平等意識之教師代表、職工代表、家長代表、學生代表及性

別平等教育相關領域之專家學者為委員。性別平等教育委員會於接案後即可召開會議，決議是否成案，若事件成立後，性平會可自為調查或委託所成立之調查小組調查該校園性別事件。

調查小組為三人或五人，調查小組成員應具備性別平等意識，女性人數比例應占成員總數二分之一以上，必要時，部分小組成員得外聘；成員中具性侵害或性騷擾事件調查專業素養之專家學者，其人數比例於學校應占成員總數三分之一以上；若雙方當事人分屬不同學校時，並應有申請人學校代表。

依《性平法》第 22 條第 1 項規定：「學校或主管機關調查處理校園性侵害、性騷擾或性霸凌事件時，應秉持客觀、公正、專業之原則，給予雙方當事人充分陳述意見及答辯之機會。但應避免重複詢問。」訪談結束前，應再詢問當事人是否還有需要說明或答辯之處，並盡可能讓其充分表達。調查結束後，並應告知當事人可另以書面方式補充意見。

無論是否要組成調查小組來認定事實，都必須要完成相關人訪談、審查物證、書證、勘驗現場等工作，也必須於 2 個月內完成調查（最多可延長至 4 個月），調查小組完成調查後，需撰寫調查報告書，提出對事實之認定，若查證屬實得另提懲處建議，並向性平會提出調查報告，之後再交由性平會討論。

（二）處理階段～性平會做出懲處建議

性平會調查完成後，應將調查報告及處理建議，以書面向其所屬學校或主管機關提出報告。學校及主管機關對於與本法事件有關之事實認定，應依據其所設性平會之調查報告。性平會及調查小組應秉持客觀、公正、專業之原則，給予雙方當事人充分陳述意見及答辯之機會。

性平會之調查處理，不受該事件司法程序是否進行及處理結果之影

響。性平會開會審議調查報告之校園性別事件經學校或主管機關調查屬實後，應依相關法律或法規規定自行或將加害人移送其他權責機關懲處。

在學期中，若教師涉及性侵害性騷擾或性霸凌案，於調查處理期間，其課程及教學等相關事情如何處理？若教師涉有校園性侵害案件，學校應依《教師法》第 14 條第 4 項規定：「服務學校應於知悉之日起 1 個月內經教師評審委員會審議通過後予以停聘並靜候調查。」

三、懲處與輔導階段

（一）懲處階段

校園性侵害、性騷擾或性霸凌事件經學校或主管機關調查屬實後，應依相關法律或法規規定自行或將加害人移送其他權責機關懲處。對於加害人是學生時，可能給予申誡、記過甚是改變身分之處分與其他輔導處遇措施。至於若加害人是教師時，學校應於知悉之日起 1 個月內經教評會審議通過後予以停聘，並靜候調查。最後經調查屬實者，由服務學校報主管教育行政機關核准後，直接予以解聘。換言之，教師情節重大之性騷擾或性霸凌事件，其處理程序及法律效果將與教師之性侵害事件一致，參考學者吳志光所述[8]如下：

1. 教師涉有情節重大之性騷擾或性霸凌事件者，與涉及性侵害者相同，服務學校應於知悉之日起 1 個月內經教師評審委員會審議通過後予以停聘，並靜候調查；

2. 教師涉有情節重大之性騷擾或性霸凌事件者，與涉及性侵害者相同，經

---

8 參閱教育部性別平等教育網，吳志光教授所著之《校園性侵害或性騷擾事件調查結果之執行——以教師法之相關規定為核心》。網址 https://www.gender.edu.tw/web/index.php/m2/m2_05_03_01?sid=73。

學校性別平等教育委員會或依法組成之相關委員會調查確認屬實者，即由服務學校報主管教育行政機關核准後，予以解聘，不再經由教師評審委員會審議；

3. 教師涉有情節重大之性騷擾或性霸凌事件者，與涉及性侵害者相同，經學校性別平等教育委員會或依法組成之相關委員會調查確認屬實者，只得予以解聘，沒有予以停聘或不續聘之選擇餘地。

　　基於維護學生受教權並保障教師工作權益，學校知悉（例如接獲申請調查或檢舉等）教師涉有性騷擾或性霸凌事件，教評會應審酌相關事證，倘認申請（檢舉）之內容初步判定已屬「情節重大」，涉案教師應暫時離開教學現場以利調查程序之進行，此時學校應依《教師法》第 14 條第 4 項規定，經教評會審議通過後，核予涉案教師暫時停聘靜候調查之處置。

　　若學校、主管機關或其他權責機關為性騷擾或性霸凌事件之懲處時，應命加害人接受心理輔導之處置，並得命其為下列一款或數款之處置：1. 經被害人或其法定代理人之同意，向被害人道歉；2. 接受 8 小時之性別平等教育相關課程；3. 其他符合教育目的之措施。其中，記過懲處可以藉由學校內部的懲處程序完成落實，但是其他的處置，如向被害人道歉、8 小時的性別平等教育課程、心理輔導等要如何完成，以及由誰來進行追蹤其執行完成否和評估成效在相關法規中並沒有規定，也因此容易造成執行上的落差（吳志光，2013）。

　　實務上對於加害人的懲處態度是「嚴懲教師、教育學生」。學校對學生負有教育之責任，對於學生的偏差行為應盡力導正，不能以學生行為不檢為由輕易放棄學生，與刑事處罰之目的截然不同。但對於學校教師，則認為學校是教育學生的場所，而非教育教師的場所，且社會對於教師除了「不違法」的要求之外，還有「專業倫理」及「品德」的要求，若教師有違反校園性別事件時已達性侵害或性騷擾情節重大者，都給予

了較嚴厲的懲處。

（二）輔導及追蹤輔導階段

　　《性平法》處理校園性別事件，旨在建立性別友善之校園環境，並因此落實性別平等教育。準此而言，校園性別事件之調查處理，其主要目的係本於教育機關之立場，對當事人據以實施教育輔導措施。因此，學校、主管機關或其他權責機關為性騷擾或性霸凌事件之懲處時，應命加害人接受心理輔導之處置，並得命其為下列一款或數款之處置：1. 經被害人或其法定代理人之同意，向被害人道歉。2. 接受 8 小時之性別平等教育相關課程。3. 其他符合教育目的之措施。其中對於性別平等教育相關課程，也有相關可以參考的資料。

　　學校或主管機關應建立校園性侵害、性騷擾或性霸凌事件及加害人之檔案資料。前項加害人轉至其他學校就讀或服務時，主管機關及原就讀或服務之學校應於知悉後 1 個月內，通報加害人現就讀或服務之學校。接獲前項通報之學校，應對加害人實施必要之追蹤輔導，非有正當理由，並不得公布加害人之姓名或其他足以識別其身分之資料。

四、救濟階段

　　依據《性平法》第 31、32 及 34 條規定，申請人及行為人對學校處理校園性別事件之處理結果（包括調查結果及議處結果）不服者，得於收到書面通知次日起 20 日內向學校提出申復。學校或主管機關接獲申復後，應即組成審議小組，審議小組應包括性別平等教育相關專家學者、法律專業人員三人或五人，其小組成員中，女性人數比例應占成員總數二分之一以上，具校園性侵害、性騷擾或性霸凌事件調查專業素養之專家學者人數比例於學校應占成員總數三分之一以上，於主管機關應占成員總數二分之一以上。並於 30 日內做成附理由之決定，以書面通知申復人申復結果。申復有理由時，將申復決定通知相關權責單位，由其重為決定。

《性平法》第 32 條第 2 項所定之「調查程序上有重大瑕疵」，例如：組織不合法、性平會性別比例不符性平法之規定、調查小組性別或專業人才比例不符性平法之規定、專業人才之資格不符防治準則之規定、雙方當事人分屬不同學校時，未有申請人學校代表、違反迴避規定、調查過程中未給當事人陳述意見之機會等。若有前述事由發生時，性平會都會被要求重新調查，可見性平法對於程序正義的要求及重視。

　　若申請人或行為人對學校或主管機關之申復結果仍然不服，得於接獲書面通知書之次日起 30 日內，依下列規定提起救濟：

1. 公私立學校校長、教師：依《教師法》之規定收受教師懲處處分書後 30 日內，向學校提出教師申訴。

2. 公立學校依《公務人員任用法》任用之職員及中華民國 74 年 5 月 3 日《教育人員任用條例》施行前未納入銓敘之職員：依《公務人員保障法》之規定於收受申復決定書後，收受懲處處分後，依《公務人員保障法》，於 30 日內向保訓會提出復審。

3. 私立學校職員與公私立學校工友：依《性別工作平等法》之規定。

4. 公私立學校學生：依規定向所屬學校之學生申訴評議委員會提起申訴。

伍、校園性別事件的防治（代結論）

　　綜合言之，針對校園性侵害、性騷擾及性霸凌事件的防治，本文提出以下看法及觀點，說明如下：

一、依法落實校園性別事件之處理

　　如果稱《家庭暴力防治法》為「法入家門」的代表，那麼《性別平等教育法》就可以說是「法入校園」的代表，而在《性平法》實施 10 多年來最被社會關注的重點，就是在防治校園性別事件，並處理校園性別事件之申請調查、處理、懲處及救濟等規範及流程。儘管目前《性平法》所規範處理流程仍有缺陷、實際落實程度也未必盡如人意，但至少在處理校園性別事件上，從通報、受理、調查、處理、懲處到救濟，都已經有明確規範，對於程序正義與正當法律程序的概念更是重點要求，這些都是為了達到《性平法》建構性別友善校園之目的（吳志光，2014）。相信只要在教育現場的所有人員，能夠依法行政、依法執行各項處理校園校別事件之機制，就能在防治校園校別事件上，踏出重要的第一步。

二、強化性別平等身體自主之教育

　　《性平法》公布施行後，包含教育部、全國各縣市主管單位以及全國公私立各級學校，均有依法行政的義務，教育現場中的工作者也應該一起在教育的場域中落實《性平法》的規定。讓教育現場所有參與教育政策的決定者、教育行政人員、在學校教育現場工作的教師、職員、工友們以及受教育的學生們，均有機會透過教育的手段，學習檢視個人的性別態度，並有能力從他人的眼中看到自己對於性別的態度是否有違背平等的原則（陳惠馨，2005）。學校應落實性別平等教育，建立性別平等而安全之學習環境，定期舉辦校園性騷擾或性侵害防治宣導，並評鑑實施成效。

　　除了落實性別事件之處理機制外，學校應該進一步宣導性別平等教育、尊重他人身體自主權，若能夠在校園內確實將性別平等教育、法治教育、人權教育及家庭教育等議題確實融入課程及活動中。誠如學者所言：由於校園性別事件多數仍發生在學生彼此間，特別是對於未成年學生而言，校園性別事件之處理本質上仍是「教育問題」，不是「法律問題」，故《性平法》在處理時亦應著重其教育意涵（吳志光，2014）。如何能將《性平法》從較為後端處理校園性別事件，移轉到如何性別平等教育的落實，

才是未來《性平法》努力的方向及重點。

　　唯有讓校園全體師生透過宣導性別平等、多元性別與尊重他人身體自主權，不要有性別貶抑、偏見或歧視的言行產生，才能營造更為安全、友善的學習環境，不要再度發生類似葉永鋕事件的情況。如何回歸到落實性別平等教育，是《性平法》的基本課題，更是在防治校園性別事件上，必須站穩的第二步。

三、形塑友善校園多元尊重之文化

　　循法律或其他公權力介入之途徑，來解決這類在校園內涉及性別平權之爭議，絕非正本清源之良策，最重要的還是應在家庭、學校及社會教育上，及早培養各種性別間和諧相處平等互重之觀念，才能使這類問題消弭於無形（焦興鎧，2007）。面對多元文化之現代社會，應該著重在讓社會間能具有正確的性別意識，尊重多元性別，而校園更要形塑成在消極面可以反制歧視，消弭性別偏見、揚棄傳統性別歧視觀點、解構傳統性別不平等結構；在積極面上則可以著力於追求性別平等，尊重性別差異、涵養性別多元觀念的友善校園文化。

　　在形塑多元文化的友善校園上，除了推廣性別平等教育，讓師生都建立起對於「性別尊重」、「多元包容」的觀念及習慣、也應該讓校園內從校長到全體教職員工生，都能夠在性別多元尊重的友善環境中，讓所有人都能獲得平等的待遇、同等的眼光、及相同的發展機會，如此友善的校園文化氛圍，除了能從根源上防治校園性別事件的發生，更是性別平等教育的實施上必經之路。

　　儘管《性別平等教育法》仍存在著許多爭議與實施困境，但惟有透過各界的共同努力，認真看待性別問題，透過教育的薰陶，使每位學生學習相互尊重的道理，消除性別刻板印象與觀念，方能建構性別平等的和諧社會。

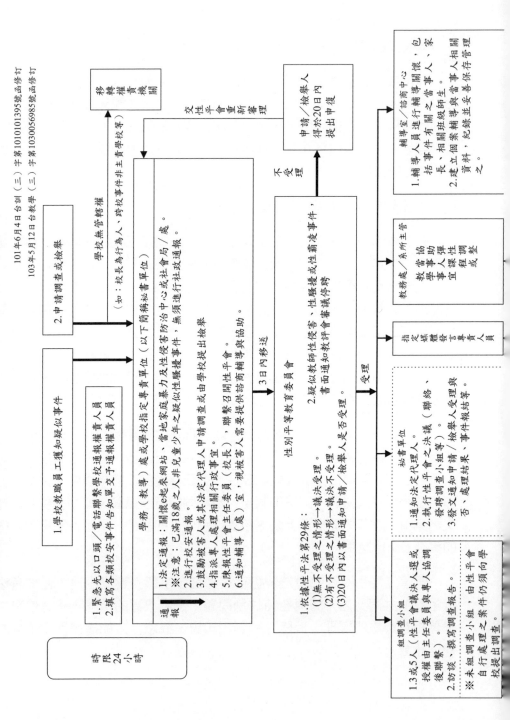

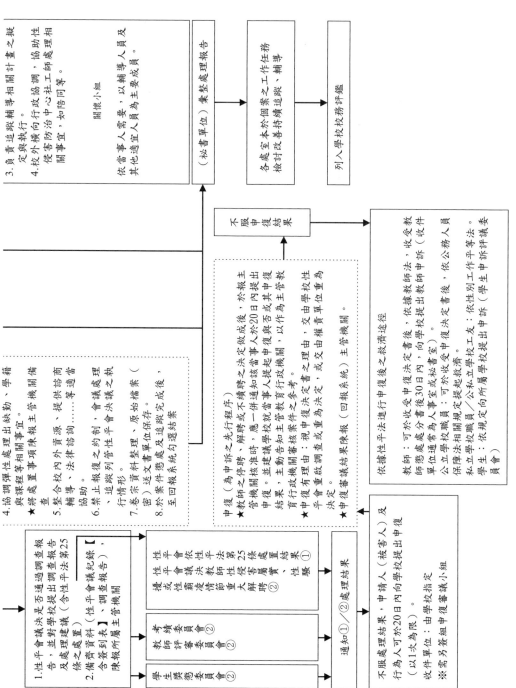

關懷小組

3. 負責追蹤輔導相關計畫之擬定與執行。
4. 校外橫向協調、協助性侵害防治中心社工師處理相關事宜，如同事、如同學。

依當事人需要，以輔導人員為主要成員。

（祕書單位）彙整處理報告

各處室本於個案之工作任務檢討改善持續追蹤、輔導

列入學校校務評鑑

4. 協調彈輔處理出缺勤、學籍與課程等相關事項。
★將處置程度建議（含性平法第25條之處置）送對學校提出資料及處置建議（含性平法第25條之處置）。
5. 整合校內外資源，提供法律諮詢……等適當輔導協助。
6. 禁止報復之約制、會議決議處理之執行情形。追蹤列管性平會議之執行情形。
7. 惡宗資料整理／原始檔案保存。
8. 於案件懲處及追蹤系統勾選結果至回報系統定成案。

不服申復結果

4. 申復（為申訴之先行程序）
★教師之停聘、解聘時，應一併通知該當事人或其申復主管機關核准得就當事人提起教育行政機關，以作為主管教育行政機關審核之參考。主管機關之先行提出申復，並建議是如主管機關審核案件之多寡。
申復理由：視申復決定書之理由、或交由權責單位重為決定。
★申復審議結果陳報（回報系）主管機關。

依據性平法進行申復後之救濟途徑

教師：可於收受申復決定書後，依據教師法、向學校提出教師申訴（收件處懲分處30日內、向學校或祕書室或教育常務委員為常務）。
公立學校職員：可於收受申復決定書後，依公務人員保障法相關規定提起救濟。
私立學校職員／公私立學校工友：依性別工作平等法。
學生：依規定向所屬學校提出申訴（學生申訴評議委員會）。

1. 性平會議決定是否通過調查報告，並對學校提出之調查報告及處置建議（含性平法第25條之處置）。
2. 備齊審查到之資料（性平會議紀錄、含簽到表）、調查報告陳報所屬主管機關。

提或依校性會議決第25條之處置：性騷擾情節重大解聘②

教師評議委員會②
考績委員會②
學生獎懲委員會②

通知①/②處理結果

性平會懲處置結果①

不服處理結果，申請人（被害人）及行為人可於20日內向學校提出申復（以1次為限）。
收件單位：由學校指定。
※收件另需召集申復審議小組。

通知①/②處理結果及行為人可於20日內向學校提出申復

151

參考文獻

一、中文文獻

吳志光（2013），〈校園性侵害或性騷擾事件調查及處理之正當法律程序及實務困境
　　（下）〉，《環球法學論壇》第 10 期，頁 16-52。

吳志光（2014），〈法入校園——性別平等教育法處理校園性別事件之回顧與展望〉，《性
　　別平等教育季刊》第 67 期，頁 41-46。

李淑菁（2010），〈校園霸凌、性霸凌與性騷擾之概念釐清與討論〉，《社區發展季刊》
　　第 130 期，頁 120-129。

張金權（2014），〈有關「平等」、「歧視」、「霸凌」，你／妳真的懂了嗎？〉，《性
　　別平等教育季刊》第 67 期，頁 80-83。

陳金燕（2014），〈性別平等教育法十年：立法後的前兩年〉，《婦研縱橫》第 101 期，
　　頁 6-17。

陳惠馨（2005），〈性別平等教育法——台灣性別教育之繼往與開來〉，《性別平等教育
　　季刊》第 30 期，第 127 頁。

陳襄睿、張嘉育（2014），〈校園性騷擾事件的通報與執行困境〉，《性別平等教育季刊》
　　第 67 期，頁 90-93。

焦興鎧（2007），〈我國校園性騷擾防治機制之建構——性別平等教育法相關條文之剖
　　析〉，《台北大學法學論叢》第 62 期，頁 41-90。

游美惠（2013），〈多元性別特質與校園中的性／別霸凌事件〉，《人文與社會科學簡訊》
　　第 14 卷 3 期，頁 48-55。

婦女新知基金會（2003），《校園性騷擾／性侵害案例調查處理實務手冊》，台北市：教育部。

鍾宛蓉（2013），《學校，請你這樣保護我：校園性侵害、性騷擾、性霸凌防治暨應對指南》，
　　台北市：五南。

燦爍（2005），〈政策面 v.s. 執面：校園性侵害及性騷擾防治之政策分析、現況檢視及實
　　務芻議〉，《國家政策季刊》第 4 卷第 1 期，頁 101-139。

蘇滿麗（2013），《校園性別事件理論概說與處理實務》，台北市：元照。

蘇芊玲、蕭昭君等（2006），《擁抱玫瑰少年》，台北：女書。

二、網路資料

教育部性別平等教育全球資訊網，http://www.gender.edu.tw。

台灣婦女非政府組織
推動性別平權的路徑與挑戰

謝易達 *

* 　慈濟科技大學全人教育中心助理教授兼圖書館館長。

摘要

　　台灣婦女非政府組織的興起，和政府部門未能正視及有效援助婦女諸多生理及社會性別不利對待有關。女性意識從 70 年代的萌芽、80 年代的覺醒到 90 年代的開花結果；終於促成《優生保健法》、《勞動基準法》正視「女性生理特質」。爾後由於政治環境、政治結構的改變，婦女團體得以鑲嵌（Embedded）於政府諮詢與決策體制內，以女性主義官僚之身，更能貼近性別平權的政策及法案的推動。但也產生是否因此造成動員能量與行動日漸萎縮的質疑。更由於「網路社群」及「公民團體」逐漸在公共事務的參與上嶄露頭角，社會結構，甚至在若干議題上取代了婦女非政府組織之話語權。如何持續鞏固動員能力及民意代表的支持，掌握「公私協力」的分際，面對組織規模過小及財源不穩定的困境，方能在性別平權法制化歷程中再次扮演著關鍵的角色。

關鍵字：婦女非政府組織、性別平權、性別工作平等法

壹、前言

　　過去婦女常受到生理性別及社會性別的負面影響而飽受歧視，「女性人口販賣」、「家庭暴力」、「性暴力」、「職場性騷擾」、「職場性別歧視與區隔」、「同工不同酬」、「夫妻財產」、「子女姓氏」、「非婚生子女之認領」不利對待現象層出不窮。這些「有待拯救的女性」，透過國家制度性的改革及社會援助網絡的建立，將可達成立竿見影之效。但是政府的運作過程強調程序、重視主流民意，在「法不入家門」的歷史、社會、法律的制約下，甚至政府本身就是建立制度的加害者。我國民法親屬篇，過去就有著許多違反男女平等的規定，而飽受批評。連國家制訂的法律上都未能落實男女平等的原則，性別平權的議題有很長一段時間由於誘因缺乏而在經濟市場上不受青睞，進而陷入政府福利職能失靈及市場公益職能失靈的窘境。

　　台灣婦女非政府組織的興起，和政府部門未能正視及有效援助婦女諸多生理及社會性別不利對待有關。理論上，當政府的層級統治高於非政府組織的市場統治或是無法應付該事務時，不該採取「交易內部化」及擴大現行組織之規模，改向市場「外購」才是理性的決定。換言之，台灣婦女非政府組織的存在雖有其市場利基，但在解嚴之前，大都以創立「雜誌社」等方式倡導「新女性主義」及各項性別平權議題，對於婦女實際援助的角色與功能並不強大。1987 年解嚴之後，社會逐漸多元及民主；因應社會各種問題的婦女團體陸續成立，且積極倡議、表達需求。爾後「婦女運動」逐漸發展，透過對社會矚目事件的發聲與援助，得以創造議題的能見度，迅速且有效聚集能量。且試圖推動性別平等法案的立法工作，從法制層面上消弭對婦女的一切歧視，推動婦女保護支持方案（彭渰雯，2012：17-24；尤美女，1996：4-17）。

　　與此相對，伴隨著中央及地方政黨／首長輪替等政治環境、政治結構的改變，政府及民間團體的統合關係亦產生相當大的質變。許多婦女團體領袖人物，紛紛被延攬進入政府體系擔任要職，或經由「單一性別」不得少於一定比例的強制規定，婦女團體代表們得以鑲嵌（Embedded）

於政府決策或諮詢體制內（林芳玫，2008：171-181；杜文苓、彭渰雯，2008：124-125）。然而婦權運動領導者進入國家體制，實踐國家女性主義（State Feminism）模式並非是「萬靈丹」。尤其「女性主義官僚（Femocrats）的成就可能是脆弱而短暫（顧燕翎，2008：66-67）」；再者國家統治機器和社會運動團體存有本質上的差異，為了避免被「收納與繳械，而空忙一場」；鞏固婦女團體的動員與倡議的能量，強化民意代表的支持仍不能偏廢（楊婉瑩，2004：117-148）。

當政府的角色從供應轉成購置者時，非政府組織受到治理能力的限制，絕對無法取代政府的大部分職能，頂多是參與政府治理的「外包商」；換言之，唯有「公私協力」（Public-Private Partnership），才能解決複雜的婦女援助問題，但彼此都必須把握「公共性與自主性」的原則。尤有甚者，伴隨公民意識及網路社會的興起，諸多「網路社群」及「公民團體」逐漸在公共事務的參與上嶄露頭角，甚至在若干議題上取代了婦女非政府組織之話語權，透過網絡之橫向結盟，在民眾的動員、民意的匯集，甚至在資源的統整上都能展現相當的能量，也大量降低共同營運成本（王孝勇，2012：155-156），如何持續鞏固動員能力及民意代表的支持，掌握「公私協力」的分際，正視組織規模過小及財源不穩定的困境，都是避免日後被邊緣化及被政府收編的重要課題。

貳、台灣婦女非政府組織的興起

「非政府組織」一詞於 1946 年曾在聯合國被首次使用，但是基於所指涉的範圍極廣，其用詞隨著研究學科的不同而分歧；例如，在國內國際關係、政治學、商學、公共行政學、社會學領域的相關論著中，就曾出現非政府組織、私人志願性組織（Private Voluntary Organizations, PVO）、第三部門（The Third Sector）、非營利組織（Nonprofit Organizations, NPO）、公民社會團體（Civil Society Organizations, CSO）等不同用語，且混用的

情形並不在少數；非政府組織的定義有寬鬆到「除了政府以及營利部門」的社會組織皆屬之，且不以註冊為要（何增科，2000：273）；也有狹義到必須具有：1. 是非政府的、自主管理的社會組織；2. 合法的社會組織；3. 非宗教團體，亦非特定種族團體；4. 非具政黨性質、不謀政治權利的社會組織；5. 非營利的社會組織；6. 組織的活動目標是創造社會公義；7. 具有一定的志願性性質，才能稱為非政府組織（黃浩明，2000：160）。

除了用詞、概念範疇與定義的分歧外，非政府組織運作經費來自政府的上限比例是多少，亦引發不同的爭論[1]，其類別又有從業務型態的不同，而簡分為：1. 倡議型（Advocacy），為推廣某一理念與價值為使命或宗旨。2. 運作型（Operational），以提供人道救援與發展服務為使命（葉瑞生，1996：9-10）。在台灣人民團體依其組成成員、宗旨的不同，約略可分為職業團體、社會團體及政治團體三種。本文所稱的婦女非政府組織，泛指依人民團體法成立，而其設立宗旨與婦女（女性）的人身安全、扶助、脫貧、職訓、服務、維權等有關的人民團體。依推動社務模式之不同，可分為協會、學會或研究會、協進會、婦女會、聯誼會、職業婦女協會等型態。如依其成立宗旨和成員結構的不同，則有 1. 經濟業務團體；2. 體育運動團體；3. 社會服務及慈善團體；4. 宗教團體；5. 國際團體；6. 其他公益團體六種。誠如 Pierre and Peters 教授所言，受到諸多因素的影響（謝宗學等譯，2002：64-85），民間逐漸有多元的管道或途徑參與公共政策，非政府組織亦可以在治理過程中扮演重要的角色，台灣婦女非政府組織的興起和台灣早期性別平權議題不受政府青睞有關。

一、人口買賣、家庭暴力及職場性騷擾

從 1980 年代開始，台灣人口買賣及雛妓問題開始受到社會的關注；

---

[1] 依據聯合國國家會計系統 UNSAN 的認定，非政府組織的經費來源來自政府部門的比例是不過 50% 以上。美國國內法律是規定不能超過 80% 以上，而最寬鬆的認定是，只要運作經費不是全部來自政府部門就符合非政府組織的定位。

許多原住民部落由於「貧窮」，所以導致「女性」人口買賣事件頻傳，但由於相關刑責太輕，「略誘罪」的論處又受到時空背景的影響，其罪刑相對較重但是在司法實務上幾乎無人被定罪，所以嚇阻效果不佳。更由於「職訓所」功能不彰，受輔導的雛妓幾乎都重返老路，這種根基於貧窮，因傳統父權社會「性別不平等」導致女性常常被視為解救家庭貧窮的「商品」，女性身體被視為家庭財產的社會現象由來已久。此外台灣長久以來針對「問題婚姻」都是勸和不勸離，婦女在婚姻關係中如果受到家庭肢體暴力，在無法「兩願離婚」的前提下，僅能透過醫事程序提出驗傷單而提出傷害告訴或訴請「裁判離婚」；但以當時《民法》對於父權的偏頗，結束婚姻也代表失去財產及未成年子女的監護權；況且以「不堪同居之虐待」的法定要件訴請離婚，亦需飽受許多程序及實體法律的煎熬；更重要的是離婚後，婦女的經濟依靠頓失，「家庭暴力」在缺乏專責法令與機關協處的情形下，常常透過「床頭吵、床尾和」的方式暫時保護自己不受身體、經濟的壓迫。此外女性在職場上為了工作及升遷，常常要將性騷擾視為組織文化或是必要的惡，而隱忍此一屈辱。許多女性為了保住工作或獲得升遷的機會，大都將其視為「必要的惡」或「公司組織文化」的一環，而不敢違抗。性騷擾的相關概念與發展雖然來自於國外，在台灣性騷擾事件亦時有所聞，但過去性騷擾防治並無專責規章來規範，受到性騷擾者雖可因自己身體、健康、名譽等不當受到傷害，而尋求司法上的救濟，但是被害人往往基於相關法規之構成要件嚴苛，舉證責任不易，而飽受許多實體及程序上的阻礙。更由於企業主未能瞭解性騷擾行為的本質、復以對企業及受害者所可能造成的負面影響並未評估與瞭解，導致對性騷擾的反應導致對性騷擾的反應及預防機制相對匱乏，不僅未能提供一個安全與舒適的工作環境，對受害者的關懷及性騷擾防治政策的檢討亦顯得消極，甚至有所排斥。

二、不平等（性別歧視）的社會職場環境

過去台北市有家信合社對於其所僱用的女性員工因為結婚而予以解僱

（單身條款），而受到台北市政府勞工局以其違反《就業服務法》的相關規定，處以罰鍰處分；另有些航空公司對於「空中小姐」亦有限制結婚女性不得擔任的規定。此外國父紀念館亦曾在辦理女性約聘員工招考時，訂有懷孕就不予續聘的切結規定（禁孕條款），而引起社會的一片譁然與爭論，更有許多雇主在女性員工產假期間終止其勞動契約（懷孕歧視），而產生諸多訴訟案例。甚至屬於國家考試一環的外交人員特考、國際新聞人員特考，長久以來亦存有女性之錄取額低於男性或是零錄取的現象。

另外，職業性別區隔情形嚴重，女性在社會經濟活動中實扮演著「次級勞動力」的角色；此外，由於同工不同酬，以及女性升遷、福利低於男性，久而久之，基於不被期待為家中經濟來源的主要負擔者，「家務事」自然容易成為女性的天職，「女子成了名符其實的內人」。女性在就業過程中，除了可能面對上述的性別歧視外；也就是先撇開薪資差異此一橫向職業區隔與性騷擾不談；女性在企業內要晉身至管理及決策階層普遍存有許多人為的障礙；女性通常無法和男性同儕獲得一樣的競爭機會，而跨過被稱為「玻璃天花門」的升遷門檻。

三、缺乏女性進入職場之積極措施

國家干預越少，人民即能獲致最大幸福的傳統思潮，隨著政府職能的轉換，已逐漸受到修正。現今世界各國皆改以較積極的作為介入人民基本生存權和受益權的保障，特別是對弱勢族群的照顧。我國《憲法》第153條第2項就有規定：「婦女及兒童從事勞動者，應按其年齡及身體狀況，予以特別的保護。」此外我國《憲法》增修條文第10條第6項亦規定：「國家應維護婦女之人格尊嚴，保障婦女之人身安全，消除性別歧視，促進兩性地位之實質平等。」《勞基法》第32條、第49條第1項、第50條、第52條，對女性延長工作時間的限制、女工深夜工作之禁止及女性在生理上的分娩或流產給予特別的保障措施。但是和西方國家相比，我國在法規或政策上對於女性勞動者工作和家庭角色扮演的兩難困境仍無完善的規劃，以瑞典為例，透過社會保險基金機制，就設有一系列包括親職假、懷

孕假、陪產假的親職保險方案（焦興鎧主編，楊瑩著，1996：23-25）。

　　女性雖然可以藉由教育的普及化而得以進入就業市場而獲得經濟自主，但是由於生育及傳統持家作業的累贅，使得女性勞動參與率低於男性（吳忠吉，2002：6），另根據勞委會公布的「工時勞工綜合調查報告」統計數字可知，台灣的工時從事者（以時薪計算），以女性高居 62%，而女性選擇工時有 75% 是出於「生活所需」與「補貼家計」；學者指出：「若女性能有機會從事全職工作，大概就不會選擇工時工作」，並對國家在政策上鼓勵女性從事工時一事提出批評，認為國家在養兒、托老的責任上刻意規避，更加深了現代女性「蠟燭兩頭燒的狼狽處境」（劉梅君，2008：57-59）。

　　然而其發展歷程從缺乏自主、休閒、俱樂部型態到成為與政府、企業力量相並存的第三股勢力，和台灣政治環境的改變、社會多元與公民社會的崛起、民間經濟力量的蓬勃發展有極大的關連性，其中又以政治環境的鬆綁最為重要。從數量及屬性來看，解嚴前，全國性的社會服務及公益慈善團體及學術文化團體分別只有 112、238 個；到了 2015 年第 3 季已經成長至 2653、2639 個（內政部統計處，2015）。從發展歷史、運作型態與功能而論，早期由「黨國主導」成立的婦女非政府組織，深具「國家統合」色彩；例如 1950「台灣婦女反共抗俄聯合會」、1953「台灣婦女工作指導會議」下的「中央婦女工作會」，其成員大都來自黨政體下的「官夫人」、「本省婦女菁英」或「地方派系、仕紳家屬」，主要任務在於推動「反共抗俄」及「動員婦女」支持國家政策，缺乏「特色」及「婦女主體意識的喚醒」（林芳玫，2008：167-169）。隨著女性就業情形越來越普遍，家庭照顧與工作兩難困境隨之而來，1971 年 11 月呂秀蓮在《聯合報》發表了〈傳統的男女角色〉，對傳統性別文化有所評析。1976 年拓荒者出版社、1982 年婦女新知雜誌社成立，性別平權意識從 70 年代的萌芽、80 年代的覺醒到 90 年代的開花結果；也終於促成《優生保健法》、《勞動基準法》正視「女性生理特質」，在性別平權政策及法案的推動上展現一定的能量與成果（尤美女，2009：74-82；陳昭如，2012：43-88）。

參、內在與外部機遇及威脅

非政府組織藉由價值分享，共同投入的方式所組成獨立而自主的公民社會，不以營利為目標、不以成本為考慮，由於具有彈性與效率的優勢（宋學文，2000：47-48），而更能活躍於「公共領域」之中，扮演實踐「社會自治」的中流砥柱。近幾年，台灣婦女非政府組織也透過全球化下的國際社會網路，逐漸和國際婦女非政府組織建立夥伴關係；2001年開始也參與了聯合國「婦女地位委員會」（Commission on the Status of Women, CSW），對台灣婦女非政府組織的支持、理論、策略與路徑影響極大。是以在改善婦女權益的策略與作為上，也因為典範反省與轉移而有所不同而有所修正，初期是以「發展中的婦女」（Women in Development, WID）途徑，致力於女性的教育與培訓，讓女性有機會進入既有體系中而尋求發展；而「性別與發展」（Gender and Development, GAD）途徑，則是在探尋與解決造成性別不平等的源由，也就是更強調能夠改變社會中既有的性別秩序，也就是著重於改善女性在社會位置中的不平等，以促成結構性的改變。而「性別主流化」（Gender Mainstreaming, GM）在1985年聯合國第三次世界婦女大會中首度被提出後，1995年在聯合國第四次世界婦女大會中逐漸被系統的用於政策的研擬工具與策略，1997年聯合國經濟社會理事會（ECOSOC）具體提出性別主流化的整體原則，影響了往後台灣公私部門有關性別平權法案與政策的擬定與實踐甚為深遠。

但是大多數的婦女非政府組織由於人力與財源的不穩定，造成其提供的服務未能永續，進而影響其設立宗旨的實踐；另外受到社會變遷或社團領導人的影響，組織可能發展成極端的、排他性強、只為特殊群體服務的組織；而組織也可能為少數人所控制，變成私相授受、圖利私人（尤其是機構負責人）的工具；更由於非政府組織規模普遍不大，常是兼職的志工，所以可能熱心有餘，而專業不足。非政府組織或許可以填補某些政府失靈、市場失靈的角色，但由於非政府組織受到治理能力的限制，絕對無法取代政府的大部分職能。概括而論，政府和非政府之間應該是截長補短的相互

依賴發展（王紹光，1999：31-47），但兩者之間在多元的發展趨勢（Coston, 1998: 358-382）[2]，亦可能基於理念與資源分配優先序的考慮差異，而存有敵對性之觀點。有些學者亦認為，在資金的投入與服務支援等兩個任務的分工組合上，雖然可以分為政府主導、雙重、合作和第三部門主導等四個運作模式，但基於政府不可能包辦全社會的公共服務，而第三部門主導模式至今亦未有成功的例子（王傑等，2004：283-288），縱使在非政府組織力量與功能甚為強大的美國，政府力量支持與否對其運作與發展仍有重大影響。

另根據學者研究（陳金貴，2002：39-50），受到了整體經濟的不景氣，來自政府的捐贈逐漸減少；非政府組織來自私人捐款的比例並不高，最主要的經費來自代辦費及其他商業收入及政府的補助。處在這樣的現實環境中，非政府組織必須面對整體外在環境的改變及體認組織的特性，方能在未來的發展上展現其功能。另一方面，台灣地區非政府組織雖然不少，可是著重於單一議題的組織居多；有強大組織動員能力的大多是宗教及醫療專業團體，其憑藉著領導人的號召力、組織的公信力或專業能力，而活躍於國內外事務上。其他較不具規模者，縱使有使命與熱誠，在政府缺乏整合、規劃下，實難發揮作用。無可否認，政府機構和非政府組織之間最重要的合作元素，大抵也是建立在經費的補助上；過去由政府出資，民間人力運行，國家機器介入運作的模式，在現今的政治氛圍與民意機關的關注下，相關的個案已漸漸減少。一旦非政府組織過於仰賴或是接受了特殊目標的政府經費，組織的自主性難免會受到挑戰（劉麗雯，2004：107-113）。

另外台灣地區社團及基金會的成立大都帶有少許的政治性、商業性任務或淪為節稅之目的，猶有甚者，現今有許多政府所主導而成立的非政府組織，實扮演著政府的白手套，執行政府所授權的特許民間業務，政治屬性極重。此外台灣地區的社會團體規模普遍不大，專職人員過少，在缺乏

2　Coston 歸納出兩者之間的關係可區分為壓制、對抗、競爭、契約、第三政府、合作、互補、合夥關係八種。

外在客觀有利條件下，如何能推動及有效管理日趨複雜的婦女援助事務，相關說明如圖 1 所示。

Strength	Weakness
1.草根性強，服務傳送能力佳。 2.政治民主化日漸成熟。	1.組織規模小、專業人力不足。 2.缺乏募款及永續經營能力。 3.普遍有志願型服務失靈的現象。
Opportunity	Threat
1.全球網絡與議題串連性強。 2.公、私協力治理模式逐漸形成。 3.相關稅捐、法規日漸完善。	1.政府補助經費逐漸短缺。 2.民間資源匯流過度集中。 3.國家女性主義弱化組織活動能量。

圖 1　台灣婦女非政府組織的 SWOT 分析

肆、參與婦女社會援助的路徑

一、結合社會運動、累積動員能量

　　根基於貧窮，因傳統父權社會「性別不平等」導致女性常常被視為解救家庭貧窮的「商品」，女性身體被視為家庭財產的社會現象由來已久。「人口買賣及雛妓問題」，在 1980 年代開始被媒體報導後，逐漸引起學者的正視，並開始進行專題研究與調查，甚至擔任輔導教師的角色；但受限於政府處理態度的消極及相關懲處法令的不周延，防治成效並未能彰顯。1987 年 1 月 10 日，由婦女新知雜誌社發起「華西街大遊行」，「台灣婦運團體第一次走上街頭」，除向「華西街」所在的萬華桂林分局遞交抗議書之外，亦提出「嚴格取締、處罰強迫未成年少女賣淫的人口販子、建立兩性平權社會、逐漸廢娼」等七條訴求。此次運動由婦女新知主導，並集結了 9 個婦女團體、7 個原住民團體、2 個人權團體、13 個教會團體，31 個民間團體共同結盟，展現強而有力的動員能量。1988 年 1 月 9 日，

並發起了第二次「華西街大遊行」。除了上街頭之外，婦運人士也成立了
「台灣婦女救援協會」，開始有組織、有計畫性的面對「解救娼妓」的複
雜議題；政府也開始協助相關團體及基金會進行「中途之家」之建置及防
治宣導。1993 年，相較於政府的被動，勵馨基金會及「台灣婦女救援協會」
等團體開始推動訂定《雛妓防治法》專法，最終促成《兒童及少年性交易
防治條例》的立法。

　　此外台灣離婚率及家暴事件逐漸攀升，但受限於「法不入家門」及「家
父長制」的影響，結束婚姻也代表失去財產及未成年子女的監護權，婦女
在家庭中並不能享有完整的人格尊嚴與平等；於是台北市晚晴婦女協會出
面整合學有專精的律師、法官及學者籌組「民間團體民法親屬篇修正委員
會」，藉由多場次公聽會及講座傾聽與凝聚意見後並具體提出「新晴版民
法親屬篇修正案」，其修法方向為刪除父權獨大規定、貞婦烈女封建思想、
確立男女平等原則、確立子女利益原則、保障婦女的財產制等。期間協會
並於 1994 年 3 月發動一場萬人連署活動，並培訓宣導成員下鄉，使修法
成為全民運動（尤美女，2009：74-78）。此時台灣婦女非政府組織結合
1980 年代社會民主化下的社會運動風潮，得以利用選舉時機創造議題，更
和政治勢力相結合。

二、進入政府體制、遊說政策與法案

　　參與政府行政體系的運作與決策，也是婦女團體推動政策的一個途
徑，1996 年陳水扁先生在台北市市長任期內，便在「親綠」婦女團體的
強烈要求下，實踐在台北市政府成立婦女權益促進會的「承諾」，並擔任
主任委員一職，監督所有局處和婦女相關的政策與法案。1997 年行政院
成立婦女權益促進委員會，1998 年顧燕翎教授被新當選台北市市長的馬
英九先生延攬擔任台北市公務人員訓練中心主任，成為台灣第一個女性主
義官員。在兩性勞動平權法案的推動策略除了傳統遊說外，透過立法委員
提案亦是一個重要的方法；相對於民間團體的主動，行政部門對相關法案
的立法推動明顯保守許多，其間又受到企業主和工商團體的反遊說的影

響，加上行政部門亦未能提出相關對案，且在會期不連續原則的限制下，立法工作極為緩慢。在國內婦女團體長期的努力下，法案終於在 2002 年 1 月 6 日公布，2002 年 3 月 8 日施行，性別勞動平權終於從理念落實到法制層面，而進入「半強制」實踐階段。相較於《性別工作平等法》立法程序之冗長與爭議不斷，同屬婦女權益法案的《家庭暴力防治法》及《兒童及少年性交易防治條例》之修正歷程，則因社會對性別平權已有較多的共識，再加上主推法案的立法委員亦兼具民間團體負責人及曾任政府官員的經驗，在法案推動之初並已先行整合行政、立法與民間團體的歧異。隨著「合作經驗」越多，婦女團體和行政、立法部門間融合程度越來越高（楊婉瑩，2006：62-70）；《性別平等教育法》此一全新法案，立法院的三讀程序只有短短的 3 個月，立法院只是在程序上執行其職權，法案的精神與內涵則多數尊重婦女團體，相較於《性別工作平等法》立法之緩慢與困難可謂不可同日而語。

伍、公私治理模式的建構（代結論）

受到全球化及公民社會的影響，政府和非政府組織的關係逐漸從統治到治理，治理代表著政府權力的下放與授權，也說明著公、私部門關係的轉變；雖然有學者所提出第三者政府理論（The Third-Party Government Theory）及公共財理論（The Public-Goods Theory）（Lipsky and Smith, 1989: 625-648）對於政府扮演角色的探討有所不同見解[3]，但都無法否定非政府組織在公私協力關係的重要性。台灣婦女非政府組織的興起，和政府部門未能正視及有效援助婦女諸多生理及社會性別不利對待有關。但其從

3　第三者政府理論認為，政府宜扮演第二線的角色，只有當非政府組織出現運作失靈才出面干預。而公共財理論則認為當政府無法充分提供公共財及服務時，非政府組織才有存在的適當性。

缺乏自主、休閒、俱樂部型態到成為與政府、企業力量相並存的第三股勢力，政治環境的鬆綁也是主因。非政府組織具有草根性的特質，靈活且不受科層組織及民意機關的節制亦是主因。

　　無可迴避的是，台灣全國性婦女非政府組織的屬性及成員結構，以社會服務與慈善團體居多；且多為議題倡議團體。從結構功能（Structural Functional）來看，非政府組織受到治理能力的限制，絕對無法取代政府的大部分職能，頂多是參與政府治理的「外包商」；但過多的合作，其倡議功能是否會因此弱化，亦需深思。另從組織動員（Ability of Mobilization）而論，非政府組織普遍缺乏物力與人力，沒有公部門的支援、訊息提供、監督，非政府組織的成長、資源的匯集與公信力必然不足；但受到政府過多援助，有可能養成組織的惰性及產生利益垂直共生的結構而失去自主性與活力。更重要的是，非政府組織的運作也有「志願服務失靈」問題，如公益特殊性（Philanthropic Particularism）及公益父權性（Philanthropic Paternalism）；而導致諸多「外部成本」（External Cost）的轉移。

　　不管非政府組織與政府部門關係如何轉換，政府公部門是不宜涉入主導運作，只能扮演協助、輔導的功能，公部門涉入過深，民間組織的自主和活力會因此受限；兩者之間應該審思如何從統治（Governing）轉化成治理（Governance）並建立合作伙伴關係。政府應學習如何扮演著財物提供者、政策資訊提供者、聲譽與合法性賦予者（劉麗雯，2004：104-105）；非政府組織則盡顯其服務傳送能力的優勢，以及強化相關的人力、社會聲譽，共同完成目標。「公私協力」（Public-Private Partnership），對於解決當前複雜的婦女援助問題必有幫助，但在婦女援助事務的推動上，則必須把握「公共性與自主性」的原則，以避免被政府收編。再加上近年來相關議題主導權漸有被「網路社群」及「公民團體」取代的現象，其角色與功能實有弱化之隱憂。

參考文獻

一、中文文獻

王政軒（2003）。《人道救援的理論與實務》。台中：必中。

王紹光（1999）。《多元與統一：第三部門國際比較研究》。杭州：浙江人民。

王傑、張海濱、張至洲編（2004）。《全球治理中的國際非政府組織》。北京：北京大學。

何增科（2000）。《公民社會與第三社會》。北京：社會科學。

呂榮海（2002）。《勞動政府與台灣婦女法法源及其適用關係之研究》。台北：蔚理法律事務所。

陳恒鈞（2002）。《互賴與政策執行》。台北：商鼎文化。

焦興鎧主編，楊瑩著（1996）。《「瑞典的兩性工作平等制度」，歐美兩性平等制度之比較研究》。台北：中央研究院歐美研究所。

台北市政府民政局主編（2000）。《NGO論文集：台北市第一屆亞洲地區非政府組織博覽會》。台北：台北市政府民政局。

劉麗雯（2004）。《非營利組織──協調合作的社會福利服務》。台北：雙葉書廊。

謝宗學、劉坤億、陳衍宏等譯。孫本初審定。Pierre, Jon and Peters, B. G (2002)。《治理、政治與國家》。台北：智勝文化。

尤美女（2009）。〈從婦女團體的民法親屬篇修法運動談女性主義法學的本土實踐〉。《律師雜誌》，第131期，頁74-78。

王孝勇（2012）。〈Mikhail Bakhtin的對話主義及其對批判論述分析的再延伸：以白玫瑰運動為例〉。《政治與社會哲學評論》，第40期，頁155-156。

杜文苓、彭渰雯。（2008）。〈社運團體的體制內參與及影響──以環評會與婦權會為例〉。《台灣民主季刊》，第5卷第1期，頁124-125。

官有垣（2002）。〈國際援助與台灣的社會發展：民間非政府組織角色扮演之歷史分析〉。《社會政策與社會工作學刊》，第6卷第2期，頁131-173。

林芳玫（2008）。〈政府與婦女團體關係及其轉變：以台灣為例探討婦女運動與性別主流化〉。《國家與社會》，第5期，頁167-169。

楊婉瑩（2004）。〈婦權會到性平會的轉變：一個國家女性主義的比較觀點分析〉。《政治科學論叢》，第21期，頁107-113。

楊婉瑩（2006）。〈台灣性別法案推動歷程的比較分析〉。《政治科學論叢》，第29期，頁62-70。

葉瑞生（1996）。〈誰來打造公民社會──談我國非政府組織運動的發展〉。《資料與研究》，第 22 期，頁 8-12。

鍾京佑（2003）。〈全球治理與公民社會：台灣非政府組織參與國際社會的觀點〉。《政治社會科學論叢》，第 18 期，頁 23-52。

顧燕翎（2008）。〈女性主義體制內變革：台北市女性促進辦法制定之過程及檢討〉。《婦研縱橫》，第 86 期，頁 66-79。

任媛媛（2015）。〈合作治理視野下非營利組織的發展路徑探究〉。《甘肅廣播電視大學學報》，第 25 卷第 3 期，頁 53-56，59。

二、外文文獻

Salamon, Lester M. (1987). Partners in Public Services: The Scope and Theory of Government Nonprofit Relations. In Powel, W.W.(ed), *The Nonprofit Sector: A Research Handbook*. New Haven: Yale University Press.

Weiss, Thomas and Leon Gordenker.(ed) (1996), *NGOS, the UN, and Global Governance*. London: Lynne Rienner Publishers.

Coston, Jennifer M. (1998). A Model and Typology of Government-Ngo Relations. *Nonprofit and Voluntary Sector Quarterly*, 27(3), pp. 358-382.

Lipsky, M. and Smith, S. R. (1989). Nonprofit Organizations, Government, and Welfare State. *Political Science Quarterly*, 104(4), pp. 625-648.

跨性別書寫的議題與討論：以《彩虹陰陽蝶》為例

周德榮 *

* 國立聯合大學共同教學中心專任助理教授。

摘要

　　一般曾有所謂的「女性書寫」，乃因以往書寫並不強調性別意識，且都在男性為主體的思維脈絡下書寫，卻很少聽聞「跨性別書寫」究何所指？假設前者是有女性視角的書寫，後者便可比照此為以跨性別主體作為敘事文學的書寫，依照這個簡單定義，《彩虹陰陽蝶》不失為一典型的跨性別書寫範例，由於過去較少人關注跨性別議題，目前對跨性別書寫評價其文學表現之良窳並非重心，也不是吾人所應擬視的焦點，而是在其中發現了可討論的議題，一方面增進性別平等意識，二方面同理跨性別，作為今後跨性別公共論述的前行引導。

關鍵字：性別意識、跨性別、跨性別書寫

壹、《彩虹陰陽蝶》內容概要

　　《彩虹陰陽蝶》有一副標題，名為「跨性別同志的心路歷程」，於2004 年 5 月由台北市問津堂書局出版，作者慧慈於頁首題字：「陰陽蝶的美麗，不在於牠展翅時所呈現的與眾不同，而在於牠在成蛹及羽化的過程中，充滿了外界無法瞭解的孤單、矛盾與掙扎。」暗示讀者是充滿傳奇性的內容（與眾不同），但如果真的是「無法瞭解」又為何要書寫？顯然仍有企圖透過書寫穿越那個「無法瞭解」。全書以意象方式分成：卷一、孵化；卷二、幼蟲；卷三、成蛹；卷四、羽化；卷五、展翅；卷六、飛舞。每一卷之內又分成許多小節，都是以主要事件當成小標題，完全符合作者自幼年到成人的整個成長歷程，並在結束之後有一篇如同「後記」形式，應屬作者期望的「迎接多元性別文化時代的到來」作為結尾，全本時間順序脈絡分明，書寫明暢流利、通俗易懂，沒有任何艱澀賣弄文采之處，故顯得真情流露而感人。

貳、跨性別與跨性別書寫

　　「跨性別」（Transgender）一詞根據維基百科（Wikipedia）的定義，包含多樣化的個體、行為，及全部或部分翻轉性別角色為主的團體。就此而言，社會性別是指心理上的性別認同，只要在心理上對另一個性別有所認同，即可稱作跨性別，通常包括異裝癖（Cross-Dressing）與變性慾（Transsexual），前者是指習慣穿著異性服裝當成藝術或某種滿足的人，後者是指希望透過服用或施打異性荷爾蒙甚至實行變性手術的人，不論是

何者，都表明生理性別（Sex）與心理社會性別（Gender）完全相反的狀態（林佳緣，2006）。一般研究性別領域的學者，雖然也曾注意到此兩者的分野，卻很少考慮到所謂心理社會性別就是說自己到底要以男人的身分面對周圍眾人還是要以女人的身分面對周圍眾人（虎井正衛，1998）。就以跨性別來說，人類學研究發現，跨性別的歷史悠久，在不同文化各有相異的表現方式，其所指涉的概念也是難以言傳的。祕魯和印尼的跨性別者並非完全一樣；北美的跨性別者和納米比亞的跨性別者可能擁有極少的相似性。然而可以肯定的是，跨性別者無所不在，她（他）們的現身，以前所未有的激烈程度撼動了「性別」的固有概念（Vanessa Baird, 2003）。換言之，跨性別並不遵從自己原生理性別所屬的任何社會規範，完全跳脫「男就是男，女就是女」的社會主流思維與慣性，故而嚴格說來，跨性別並沒有同性戀所謂的「出櫃」，她／他們不是以言語表白可說清楚的，而是以行動表示自我的性別認同。

既已明跨性別的意涵，再來說跨性別書寫。傳統上寫作並不特別標明或著眼於性別意識，後來在內容取向上開始有女性意識，故為了凸顯其所聚焦的人物、事件與感受等等而有所謂的女性書寫，但並沒有「男性書寫」這樣的講法，就如同有「女性主義」這個詞，卻沒有「男性主義」的詞一樣。相對於昔時較忽略女性角度的思維，跨性別是一個更被漠視的領域，因近年傳播媒體的報導，跨性別才終於躍上檯面，跨性別書寫一詞似乎為新創，簡言之凡是以他者描述跨性別或是跨性別自我發聲的敘事、只要以文字書寫下來的，便稱為「跨性別書寫」。

慧慈在自我認同的陳述明白表示：「……而我呢？我只是個愛女人的女人，我很清楚的知道自己要以女人的身體及心理去愛我所愛的女人，這樣，我才會快樂，……套句《逆女》一劇中的經典名句『我深信，性別應該源自心理，而不是以生理來區分』。」（頁156）其實這個認同在慧慈小時曾有迷惑，是受主流思潮的影響，「四年級一開始，……每每上課，

我的眼光總會不輕易的飄到她的身上，難道……這就是喜歡？不行啊，我是一個女孩子，怎麼可以喜歡女孩子呢，雖然從小就被教育為是王子喜歡公主，但卻沒有教公主可以喜歡公主啊！不可以不可以！……」（頁15）從這裡能夠看出，認同不是一開始就完整的，它會受外在周遭影響，但在逐漸成熟之後，認同就會越來越確定。綜合起來看，慧慈所謂「女人的身體」縱然是虛擬的也無關緊要，重要的是「心理」的直覺早已是個「女人」，而且以這個認同為女人的自我「去愛我所愛的女人」，以現代正確的名詞表示，就是所謂的「跨性別拉子」（所謂「拉子」有時俗稱「蕾絲邊」，泛指女同性戀），雖然言語表白很清楚，若不仔細咀嚼其整個生命的行動歷程，讀者欲求同理心恐不容易。

但不可諱言的，與許多跨性別一樣，慧慈不免因外界環境影響而有「男就是男，女就是女」的想法：「我只想做回我自己，現在活在一個全部都是男生的世界裡，我覺得好痛苦喔！我打不進他們的世界，而他們也不願進來瞭解我的內心，我希望有一種手術，能把我的外觀上性別，和我內心的性別，調整成一致的，這樣，我的一生就沒有遺憾了。」（頁33）所以慧慈後來在無意間看到《榮總護理雜誌》上看到由方榮煌醫師寫的〈變性手術之概論〉內容時，她一時也沒有覺察所謂「原發性變性慾」這個詞彙是被嚴重病理化的，她反而還欣喜若狂的趕快將之影印下來（頁83-85）。在沒有發生這件事之前，慧慈曾經私下偷偷去買女性荷爾蒙服用，「一開始是一天一顆，剛開始時還沒有什麼感覺，一個星期後開始出現有暈眩、噁心及嗜睡的副作用……」（頁29）慧慈由此經驗不是不知道，這種「當女生」的生理本質論實踐下去，是會對身體造成傷害的，或許吾人不能苛責慧慈，為什麼一定要跟著社會主流男／女二元對立分化的思維走？畢竟實際情勢上常常逼使跨性別非要這麼想（渴求身分上的被認可），然這也是值得檢視我們這個社會是否真的開放了，真的容納性別多元了。

西方的性別學大師巴特勒（Butler, J.）指出，性別不是一種既已存在

（Being）的狀態，而是一種正在發生（Doing）的狀態。性別是一種效應，而且這種效應只存在於它自己的各種不同的展示中。根據巴特勒的研究，性別是「重複的身體形式，一系列在非常嚴厲規訓的架構下不斷重複的行為」。同時，性別也是一種「肉體的型式」（Corporeal Style），或是一種「既有目的又是表現」的行為，所以性別認同不是一項個人的特質，而是一種必須被重複地表現的行動（Jennifer Harding, 2000）。性別教育理論家朱蒂絲‧羅勃（Judith Lorber）曾不辭辛勞地在《性別的矛盾》一書中對性別做了詳盡的分類：她認為現代社會可以被區分為五種性別（包括中性的陰陽人）、三種性傾向（Sexual Orientations）、五種性別表現（Gender Displays）、六種形式的關係以及十種認同。除了五種性別之外，其他各類不同的組合——至少有九百種性別形態可供選擇，遠遠超過「兩性」（R. W. Connell, 2004）。如若仍舊稱為「兩性」，吾人頂多應該說，這麼多元的性別型態，其主要元素就是「男」與　女」，但千萬不要只以生理做區分。

參、從生命敘說的角度看跨性別書寫

敘說的目的在於藉由看內在生命來作自我療癒，Ricoeur 指出「敘說性認同」概念，即「主體在她們所說的，關於自己的故事中認識自己」。（Ricoeur, P., 1988）誠如「再呈現的限制」所言：雖然最初的目的也許是要說出所有的真實，但是我們敘說他人的故事時，我們的敘說是我們世界的產物（Catherine Kohler Riessman, 2004）。依據敘說，在任務方面，假如有人已經形成具說服力的主導者自我敘說，進而採取有意義且有效的行動邁向有價值的目標，就表示此人具有強烈主導機制的意識感。在人生歷程方面，假如有人對自己的自我敘說具有主導性與誠篤性，並能夠採取

有意義且有效的行動邁向生命的主要目標，也表示此人具有強烈主導機制的意識感（Larry Cochran, 2006）。而透過自我敘說，不斷重述重寫的過程，可以對敘說者自我建構產生改變，這種敘說的自傳是「現在的自我」（敘說時的我）對「過去的自我」（回憶中的我）的詮釋，是敘說者置身現在時間立場，創造回憶過去的生平歷程。

自傳的「自我詮釋」是透過論述（Discourse）與敘述（Narrative）的方式並行。當文本被當作是往事加以敘述之際，所選擇的事件和角度即是自我詮釋的一種方式；論述則以「現在的我」（敘說時的我）現身，對「過去的我」加以分析（李有成，1986）。所以說自己的故事，使得我成為被看和被說的對象，這種選擇賦予我一個可被看成什麼的空間，我的故事不是我，而是視域中的我與視域外的我所進行的對話，從說者、看者和行動者交織的互相表達，我才被給出（鄧明宇，2005）。這樣的給出是有意義的，故有一種稱作「意義療法」，所根據的理論是想突顯出「病不一定是錯的」，也稱作「意義理論」，這是說為了證實「生存的價值」必須要有「追尋意義的意志」，即使這個意義本身有很多苦難的內涵（Viktor E. Frankl, 2004）。又，如若透過自我敘說可以作為生命療癒的途徑，本來是涉及「復原」（Restitution）敘說，它期待每一種苦難都有其治療的方法，這種治療法可透過一些醫藥的介入，或可透過積極的行動，也可實施某一策略來嘗試解決該問題。復原敘說鼓勵人們努力為未來奮鬥的信念，相信凡事都會有所進展，而在復原敘說的特質，包含了一種「生存主義者」，典型的人生觀，強調奮戰、樂觀即不放棄。而這要經由不斷的自我探詢，使敘說主體對生命中重要生活問題體驗全新的感受，敞開心胸面對生命的不確定性與奧祕（Michele L. Crossley, 2004）。一個生命史觀點的主觀完整性的判斷，通常並非以完整的描述為參照，反而是依據一種內在腳本或模板，抑或是依據某種特定的需求和目的（William Mckinley Runyan, 2002）。所以敘說不可能僅是單純為了敘說，沒有意義或價值的敘說通常成為現代通俗的「打屁」，絕不是真正的敘說。

　　《彩虹陰陽蝶》正是跨性別作者慧慈自己的故事，從內容可以推知，
她雖然在做自我的生命敘說，但是希望跳到原來的視域外去與她過去的自
我對話，縱然有引用醫療的病理論述去看待自己是跨性別這個事實，卻有
自己主體性的認知與主張，並不全然將自我當成「他者」來敘說，這樣的
對話重新產生了意義與價值，讀者看到了便可以經由深入認識了一位跨性
別生命敘說而產生啟發，對作者本身也得到療癒的效果。「對生活有印象
開始，我就以女性的思維在過日子，來到這個都是男生的班級，難免格格
不入……，為什麼這時期的男生，總要把女生說的這麼不堪入耳，又為什
麼在下課時，在同學面前盡是一些猥褻的動作，同時又在黑板上寫一些不
堪入目的文字，不知道是因為男生對女生的好奇，還是什麼，不懂不懂，
算了，就不要去懂，反正那也不是我的世界。……就算我們被別人說是男
女朋友，那又怎麼樣，這是事實呀！因為從外觀的生理上來看，我們的確
是男女朋友，但也只有我們自己知道，我們是女女相戀。」（頁 31）慧慈
因自我的女性認同，不瞭解青春期的男生，同樣的別人也不瞭解她，所有
自我的生命陳述都僅能放在內心說給自己聽，那也是一種意義，只是實踐
起來有些「魯賓遜在荒島」的味道，但世人如何評價已不重要，重要的是
慧慈如何去看待自己。

　　慧慈在書中曾經深刻內省自我的生命：「我怪異嗎？不，我不認為我
怪異，我認為我是照自己心裡想要的而活著，當然我知道世界上是有一個
規律在運行著，為的就是方便讓世界的運作有個規則可行，但往往這些規
律限制了人們『心』的視野。我相信有規則就有例外，但卻不被尊重與接
納，連被允許存在都是多餘的。」（頁 56）一方面完全道破「生命」本身
既沒有框框，也無須泛道德化，另一方面卻也對被當成病理化的「他者」
而遭逢排斥頗有微詞，雖然並未直接批判當前所謂「生命教育」的盲點，
但等同於宣告其失敗，好在她只是想藉此多在生命困頓處作個緩解，抒發
一下無奈之處。

慧慈對自我跨性別生命的論述當成一種祕密來保護，她說：「因為我必須保護這個外人不太容易理解的祕密，也保護我自己，我寧可造成別人對我的誤解，也不願意讓更多外來的傷害來傷害我自己。（頁 103）」這一段道盡為什麼跨性別常常被別人認為是孤鳥或者獨行俠人格特質的心路歷程，換言之，跨性別越覺得別人不瞭解她，就越難在別人面前吐露真心的話，對大多數人都是「交淺不可言深」，某個層次上算是相當的自我封閉，但是慧慈終於還是藉由書寫抒發出來，公開了這個祕密，所以她終究要經由此來破解生命的矛盾，問題是讀者會不會仍舊忽略掉？而變成僅是作者慧慈自說自話的生命療癒？

肆、跨性別書寫是一種酷兒理論視角的書寫

　　酷兒理論提供了一種認同後設敘事的後現代批判，一種對普遍同質及僵固認同性別範疇（被認為是本質主義）的批判。相較於申明如此的認同範疇，酷兒理論認為這類認同範疇完全是由社會所建構，而且具有內在的不穩定和不連貫性。這樣的一種評價必然也包括對相互增強的認同二元對立之工整區分的解構（Cris Beasiey, 2009）。本來酷兒有一種想法是「你說我是怪物，那我就徹底怪給你看」但這種「翻轉」式的實踐是不容易的。慧慈說：「在換過了這麼多的工作之後，我開始思考，我到底是哪裡做錯了，難道只是一個「做我自己」的小小願望，有這麼難嗎？為什麼社會都不給我一些機會？過去的這段時間裡，我知道我的表現和社會的期待有些落差，但這就是我啊！為什麼我一定要做的和社會主流價值觀一樣，不一樣難道就不能生存嗎？這難道就是「適者生存」的遊戲法則嗎？『適者生存』意味著就是要將自我隱藏起來嗎？難道我就是不適者嗎？如果是這樣，那我又該怎麼做？做我自己，還是做別人眼中的我？」（頁 127）

這一連串的問題，表示慧慈不是不去質疑批判社會對性別的僵固，但即使華人社會還是隱含了「社會達爾文主義」這種隱形暴力對待少數的弊病，那麼妳是酷兒又能如何？酷兒只能藉質疑與批判表達強烈地不滿，卻無法「蚍蜉撼大樹」，現實上酷兒只能屈服，說跨性別要遵從酷兒法則，又從何做起呢？但是慧慈的批判與質疑的確給了我們某種酷兒的視角。

伍、以詮釋學視角看待跨性別書寫

詮釋學（Hermeneutics），它乃用以指稱與「理解」及「解釋」問題有關的領域語詞，原意是「弄清某事、公布或揭示啟示」。其原本在提出對古希臘啟蒙時代詩人的詮釋，後來遂轉為新教徒對聖經註釋的質疑，十九世紀詮釋學被狄爾泰（Dilthey, W.）大大擴展了界域，蓋事件文本僅是他所謂「生活客體化」的一種形式。所以，解釋問題必須以社會領域的知識為什麼可能看清真相這個更一般的問題相關聯，狄氏認為，這類知識的根據是經驗、表達方式和理解的相互融滲，它們被客體化在集體共有和個人分殊的經驗和價值領域內，就像個人看法被客體化到知識媒介中那樣。要理解事件文本就需要將它們當作被客體化的生活表達方式去把握，並且最終對創始活動再體驗，對原典的經驗再體驗（Kuper, A., & Kuper, J; 1992）。因此真理不是原本就是真理，而是「去蔽」的過程，那麼去蔽後呈顯出來的「言說」才是逐漸接近的真理顯現（Saying is Showing），存在者的去蔽就是在陳述的揭露中實現，以向他人傳達有如呈現在他人面前的實際內容（何衛平，2002）。慧慈說：「我一直非常確定一件事。我自始自終都是女生，我一直以女生的思維在生活著，但是身分證上的性別註記，卻是讓我很挫折的一件事，因為，當相處的人與我有利害關係時，這個白紙黑字的記載，就變得十分重要。人們總不相信親眼見到的人，也不

相信自己的感覺，只相信這個白紙黑字的記載。」（頁153）「但是，現在的我，已經學會不去計較別人的看法與眼光，因為做我自己是最重要的，我就是我，我是女生，是別人無可取代的，也不是那張身分證上的性別註記可以表達的。」（頁153）這些非常明顯的說明，身分證上性別註記雖是「白紙黑字的記載」，卻完全不是事件文本，真正「被客體化的生活表達方式」是慧慈所說「我是女生，是別人無可取代的」她所言「人們總不相信親眼見到的人，也不相信自己的感覺」即是藉由言說來「去蔽」，只是讀者可以感覺的到，當「逐漸的真理顯現」時，人（不一定是跨性別）生命本質的孤寂就完全呈現了。人總是被外在的東西所定義的，不是誰能自主定義我是誰，而且這些外在居然聲稱其是「合法」的，這世界豈不荒謬？

陸、《彩虹陰陽蝶》跨性別書寫的啟示

首先，如果依照「理念型」的多元性別，跨性別似乎應該拿出酷兒理論的氣魄，說「我就是跨性別，不是被定義的男人或女人任何一種人」，可是從慧慈的經驗來說，這根本是不存在的「空話」，那就完全屈從社會主流嗎？其實也不是，某種程度上「我就是女人」是「翻轉」了原本只認定生理本質是女人的人，現在一定要加入那些心理認同上自認是女人的人，因而真正解讀是「擴大」了女人的範圍。

第二，常掛在嘴邊說「性別平等」如何如何云云，對跨性別言是「口惠而實不至」，慧慈換了好幾個工作，比起許多跨性別完全找不到工作，還算是幸運的，那麼國家或政府是否應該考慮，給予跨性別完全「自由換證」的待遇，而非以身分證件「白紙黑字的記載」來管控性別秩序，方是對跨性別的實質平等（以這點而言，跨性別沒有依酷兒理論的要求，而是

回歸男／女二元的論述，已經是對主流社會做了讓步）。

　　第三，慧慈的「女女相戀」其實要經歷兩重關卡，第一層關卡是她自我的女性認同要得到社會的肯認，很難是自己說了就算；第二層關卡是台灣要通過「多元成家方案」，承認同性之間的婚姻，這個感情才有保障，而這兩層關卡以目前社會大眾的認知或者習於主流思維的台灣（許多人依舊會以「約定俗成」視作「理所當然」），還看不到曙光。

　　第四，就算慧慈看到方榮煌醫師有關變性手術的報導，也是空歡喜一場，台灣健保或任何其他保險從來不曾將變性手術列入給付項目（不要說給付，連些微的補助都沒有），更不要說手術前看診精神科評估的費用，而且台灣沒有真正提供國外相關的資訊，依照書本內文，慧慈從來不曾與父母家人討論這件事，就算慧慈賺足夠的錢，又哪有可能有所謂的「直系親屬」可以簽署手術同意書？

　　第五，看完慧慈的書，讀者應該會強烈指責台灣的傳播媒體，對於跨性別只聚焦在眾人獵奇「看八卦」的報導，幾乎不曾認真以同理心的角度去瞭解跨性別的困難與真正需要協助之處為何，而一般大眾因為跨性別是「少數中的少數」也並未真正表達過關懷，從慧慈所說的那些事，有時連基本的尊重都做不到，是否需要檢討？

柒、《彩虹陰陽蝶》跨性別書寫需釐清的疑點

　　首先，慧慈當然可以說她自己完全是女性思維，問題是假如「臭男生」是這麼難理解的，她何以僅是為了節省家用投入周遭皆是「臭男生」的士官學校？去勉強做不愉快的事？可見慧慈並沒有徹底覺察自己其實也掉入男／女二元對立「本質論」的泥沼，而進入某種性別刻板的框框。

第二，即使是女性認同，每個女人的著重點也並不相同，有的女人喜歡留長髮、有的女人喜歡濃妝豔抹、有的女人努力保持好身材、有的女人認為有細膩體貼柔順的特質才重要……；至於女人有其他陽剛特質亦各有差異，有的女人做事明快有決斷力、有的女人不願依賴他人、有的女人富於冒險精神……。女性認同還是有許多抉擇，慧慈是否清楚她是哪一型的女人嗎？從書中留給讀者推測的印象並不是很清楚。

　　第三，慧慈明顯定位自己的愛戀取向是「女女相戀」，也就是所謂的「跨性別拉子」或「跨性別蕾絲邊」，從剛開始表露的訊息別人當然會認為這是男女朋友，慧慈都說後來她倆自己知道，可是對於這轉折的關鍵是什麼？並沒有交代得很明白，因為縱使對方明顯感到她有女性特質，這個解釋也跟一般人一樣困難，而對方接受了還得容忍比一般女同性戀更多誤解的壓力，這豈是這麼容易說服自己的？

　　當然，吾人不應該以太高的標準去期待慧慈，畢竟《彩虹陰陽蝶》是國內第一個本土的跨性別傳記，在閱讀市場上能引起注意以及迴響也都不如預期，台灣雖然多元，國人的視野不夠開闊，所以即使本書在閱讀上屬於小眾市場，它在跨性別書寫上也有很好的開拓之功，筆者提出這些論點，希冀能夠拋磚引玉，有更多關心性別平等教育的學者人士共同以此來檢討對照，對跨性別除了基本的尊重之外，也能有更進一步的理解。

參考文獻

一、中文文獻

Catherine Kohler Riessman 著，王勇智、鄧明宇譯（2004），《敘說分析》，台北：五南，頁 34。

Connell, R. W. 著，劉泗翰譯（2004），《性／別——多元時代的性別角力》，台北：書林。

Cris Beasley 著，黃麗珍譯（2009），《性別與性欲特質：關鍵理論與思想巨擘》，台北：韋伯，頁 279。

Crossley, Michele L. 著，朱儀羚、康萃婷、柯禧慧、蔡欣志、吳芝儀譯（2004），《敘事心理與研究——自我、創傷與意義的建構》，嘉義：濤石，頁 305-313。

Harding, J. 著，林秀麗譯（2000），《性與身體的解構》，台北：韋伯。

Larry Cochran 著，黃素菲譯（2006），《敘事取向的生涯諮商》，台北：張老師，頁 69。

Runyan, William Mckinley 著，丁興祥、張慈宜、賴誠斌等譯（2002），《生命史與心理傳記學》，台北：遠流，頁 102。

Vanessa Baird 著，江明親譯（2003），《性別多樣化》，台北：書林。

Viktor E. Frankl 著，鄭納無譯（2004），《意義的呼喚》，台北：心靈工坊，頁 127、166。

李有成（1986），"*Textualising the autobiographical subject description, narrative, discourse.*"，台北：國立台灣大學外國語文學研究所博士論文。

林佳緣（2006），《跨性別媒體再現與主體解讀之分析研究》，台北：世新大學性別研究所碩士學位論文，頁 6-7。

虎井正衛著，林瑞玉譯（1998），《由女變男的我》，台北：大展，頁 10-12。

鄧明宇（2005），〈從沉淪走向能動：一個諮商實務工作者的自我敘說到社會實踐〉，載於《生命書寫與心理健康》，台北：五南，頁 117。

慧慈（2004），《彩虹陰陽蝶》，台北：問津堂。

二、外文文獻

Ricoeur, P. (1988). "Time and Narrative". *Vol. III*. Chicago, IL: University of Chicago Press.

異鄉人的漂流與召喚：
由《十七號出入口》討論
老兵的離散、記憶與情慾

宋惠中[*]

* 元培醫事科技大學觀光與休閒管理系助理教授。

摘要

　　在台灣，老兵們大多為榮民的身分。但長期以來這個身分是官方在詮釋的，如精忠報國、鞠躬盡瘁。但《十七號出入口》則訴說了老榮民這個族群的另一個面向。影片中，「十七」是個極具象徵的數字，它既是劇中老兵離開大陸家鄉的年紀，也是高中生阿宏的年歲。它既是片尾電影院的「十七廳出入口」，也是老兵逃離大陸時的「十七號碼頭」。那是記憶迷宮的入口，也是這個族群所有人，生命永遠的斷裂點。

　　本文擬就《十七號出入口》為探索文本，討論國家體制與大歷史以外的外省老兵不同面向。老兵的同性戀議題及對 60 年前初戀同志男友的思念，承諾混合著鄉愁、思親及他們在台灣社會的定位。藉此以不同面，從個人和人性、身體、情慾的角度解讀老兵在台灣社會的不同存在。

關鍵字：十七號出入口、老兵、同性戀

1949，大時代

所有的顛沛流離，最後都由大江走向大海；

所有的生離死別，都發生在某一個車站、碼頭。

上了船，就是一生。

龍應台　《大江大海，1949》

壹、楔子

亂世之人如蓬草、如芥子、如塵土、如魍魎啊！

為什麼要說『如魍魎』呢？

浮游不知所求，魍魎不知所往呀！

劉光義

　　時序進入二十一世紀，距離 1949 年國民政府撤退來台，已逾一甲子矣。當年十七、八歲的少年兵，如今具是七十歲以上的耄耋老者了。「來台老兵」，是當代台灣的一種集體遷徙的特殊現象，造就了許許多多悲歡離合的動人故事。而歷經時代無情的篩淘，這些「老兵」具已快凋零殆盡，他們的生活和故事，再也鮮人聞問。

　　但他們的故事，不僅是時代的見證；也代表著亞洲和中華民族一頁動盪流離的歷史，甚至是當代台灣歷史的一部分。2010 年，大陸導演王全安的《團圓》入圍柏林影展，表達中國對此歷史題材的觀點。台灣電影雖然有過老兵的故事，但因年代久遠，又覆蓋在國族主義意識形態的陰霾底下，難有寬闊和全面的視野。《十七號出入口》拍攝，就是為了補足台灣影像作品在此議題的缺口。本文希望藉由《十七號出入口》引領讀者一同誠實地、認真地重新梳理 1949 年前後的這段歷史，不論你是哪一個族裔？本省或外省、年老或年輕人，大家一起用最謙卑的心，去看見一整代人「隱

忍不言的傷」，在國族主義論述下隱而不見的流離與戰爭經驗，重新凝視
關於人的尊嚴以及生命價值。

　　《十七號出入口》劇本是由李志薔導演在 2005 年所創作的小說《十五
號出入口》所改編。他在 2005 年前後，發現當時有好幾條社會新聞報導
老榮民獨居公寓，甚至去世也沒人知道；有時發現時老榮民的屍骨已經被
他所養的狗兒吃掉了，陪伴他們一生的狗兒到頭來卻因沒有食物而啃食主
人的屍骨。那時李志薔導演看到這樣的新聞覺得很感慨，心中就有了想要
探究他們的生活，把他們拍成影片的念頭。

　　2005 年有一家報社辦了一個活動，邀請六位作家接力寫小說。報社給
每位作家一張台北東區的照片，請作家們依據照片寫一篇小說，而這六篇
小說必須是要串連起來的，在週末會以全版將六篇小說刊登出來。剛好李
導演拿到的照片是華納威秀第十七號廳門口，於是為了寫小說導演便特地
去現場看看；而當現場人潮湧入影廳時，李導演的腦海中突然湧現了 1949
當年大陸軍民在碼頭推擠上船的畫面，便成了整個小說構思的開端。

　　《十七號出入口》是一部節奏緩慢的電影，它的背景橫跨六十個年頭，
有大陸的場景，有台灣的場景。而事實上拍攝這部片並不容易，在台灣，
電影、電視這種題材都很少見，而且取景不容易。另外，有青島、淡水這
種在空間上跨度大的；還有 1949 年到現在這種在時間上跨度大的場景要
拍。李志薔說：「這不是一部容易消化的片子，因為影片中藏了很多伏筆
還有符號性的東西。但是能不能夠瞭解這些東西並非最重要的，重點是瞭
解這個故事——老榮民這個族群的一個面向。」

貳、從台北人到台北客：重層的外省人認識與經驗

> 朱雀橋邊野草花，烏衣巷口夕陽斜。
> 舊時王謝堂前燕，飛入尋常百姓家。
>
> （唐）劉禹錫〈烏衣巷〉

　　《台北人》於 1971 年結集出版後引起廣泛的討論，縱使褒貶互見，依舊無損於其作為白先勇代表作及其文學經典的地位。然而弔詭的是：不論是鄉土派的質疑或新批評派（乃至今日批評界）對其寫作藝術的肯定，論者莫不以為「台北人」指涉的就是「立足台灣，胸懷大陸」，一群「身在曹營心在漢」的外省族群，這樣的論調延續至今，似乎已成定論（曾秀萍，2009：176）。

　　日本學者山口守認為《台北人》以大陸出身者在台灣拖曳著過去的記憶而生存（抑或死亡）的 60 年代為中心而來進行時代設定，因而從民國史貫穿至戰後台灣史的歷史記憶，以及由此產生的歷史記憶與鄉愁，並在此之上在加上台灣的社會現實，多層次、多切面的描繪出了空間與時間，乃是其特色（山口守，2009：10）。山口守曾詢問白先勇為何要以《台北人》為書名，白先勇做了以下的回答：

> 　　說到底，我覺得《台北人》寫的是歷史，是中國歷史。《台北人》描寫了跟隨國民黨政府從南京逃來台北的人們。綜覽過去的中國歷史，這就好比是四世紀三國時代西晉為東晉所替代時從洛陽遷往了南方，由北宋向南宋推移時往南方遷都的重演一樣。歷史循環，週而復始，無非諷刺。我想寫這樣一種作為流亡之民，

亦即流民的台北人[1]。

第一代省外族群在台灣是個特殊群體，擁有和本省各族群不同的歷史與文化背景，他們來自中國大陸，對於國族的認知就是大中國，推翻滿清之後是一連串的革命戰爭，把台灣當成暫時棲所，他們的家鄉在大陸，隨時都可以整裝離開……以中國為主的國族認同，白先勇的重要著作《台北人》中隨處可見，如〈國葬〉中角色們的過去全都在大陸，他們所憶所念都在中國大陸，連他們的功勞與地位，也都停留在大陸，彷彿來到台灣之後全都消逝，過了海之後全都丟失，再也無法取回（曾若涵，2012：149）。

對於大多數飄洋過海到台灣的外省軍人及軍眷，他們失去了血緣及地緣上的關係，而唯一夠使他們有所依靠的就是帶他們來台的軍隊。因著軍隊的照顧，這些人在心理上對軍隊、國家、乃至國家的領導著產生了一種敬愛、信賴之心[2]。白先勇的流民台北人，充滿了國族符碼，白先勇在故事情節中不斷回溯不同的戰爭階段，雖然這些場景與歷史對許多 1949 年之後來台的省外族群來說，是集體意識的回顧，但某些詞彙毋寧說是特定對象的指涉，也正是國族意識的體現。相較於上述外省第一代的普遍心態，白先勇感受有別，因而對於父輩所處的時代，不斷宣洩備受冷落的孤苦之感，以致《台北人》被稱作「沒落貴族的輓歌」。

因此葉石濤批評白先勇筆下的省外第一代：白先勇的小說主題大約有三條路線：其一是描寫大陸來台第一代人形形色色的生活。成為這批人骨幹的是在大陸曾掌權的一些黨、軍、政、文教界的領導者，以及圍繞著這一批人生活的較下層的庶民。這一批人在大陸已形成無形的貴族階級，來台以後，他們之中有些逐漸沒落變成「斜陽族」，而依靠這權力生存的庶

---

1 山口守，〈白先勇先生訪談錄〉，頁 257-258。
2 柴雅珍（1997），《戰後台灣「外省人」的塑造與變遷（一九四五～一九八七）》，東海大學歷史學研究所碩士論文，頁 91-92。

民有些也沒落，有些卻獲得新生。不過他們共同的憂患就在無根的飄泊感。他們無法認同這陌生的土地，也無從紮根，只能在回憶中，迷戀過去的榮華富貴而逐漸凋零（葉石濤，1999：126）。

1989 年，李志薔導演剛到台北，見識了這個集台灣所有資源於一身的大城市。站在火車站前，車輛與人潮密密的挨擠著，一些地標和重要工程正在進行，民主和各式街頭抗爭的呼聲洶湧地響在天邊……從傳統的討賺謀生到莘莘學子，更多的外族群和抱著新理由的人們陸續湧入，台北，成為這群異鄉客的新故鄉。

李志薔原先的想法是想以台北為背景，描述在二十、二十一世紀之交一群寄居台北的「異鄉客」的故事，藉以反映一個時代的精神和整體面貌，依李志薔的規劃，書的編排，是以人物族群為經，社會和歷史事件為緯，依照年代順序排列：

1990 野百合學運 〈地下社會〉

1997 廢公娼事件 〈心音〉

1999 總統大選，飆車族 〈焚〉

2001 外籍新娘 〈阮靜〉

2002 全台大缺水 〈貓眼〉

2002 獨居老人（榮民） 〈十五號出入口〉

2005 學運與社運 〈你現在在哪〉

1980 大家樂，原住民 〈人蔘堵坊〉

1947 二二八事件 〈奔跑的少年〉

在李志薔的筆觸中，獨居的老兵與各類來到台北的異鄉客，構成了台北這個城市的精神面貌，不僅僅是過客，也是歸人，是各類台北歷史文化整體面向的一部分。從台北人到台北客；白先勇的台北人是一群身在台北

但心在上海、南京、四川、湖南、廣西、北京等地的中國流亡者的故事[3]。李志薔的台北客則將各種不同形式的台北現象，組成不同的台北客，是他們生命中的一部分。

外省老兵、老兵、老榮民，這樣的名詞其實並不代表一個同質性的東西，外省老兵依照他們的官階、所屬部隊、來台的時間與處境，與退伍的方式……等等不同，其生命處境與遭遇也會有很大的差異。

據吳明季的研究，花蓮的外省老兵被視為與瘋子、白癡為伍，而其原因正是他們的婚姻，他們的婚姻大都如他們自己所說「這是個不正常的婚姻」。許多娶了智障太太或原住民婦女，帶來了一群太太與前夫的孩子要養。可以想見，一般村民是以異樣的眼光看待老兵與他們的婚姻。許多老兵都是錯過了適婚年齡，年紀太大加上階級位置、省籍因素、教育程度、經濟狀況……等等因素，而不容易找到婚配對象。大部分的老兵都是為傳宗接代的理由而結婚（吳明季，2000：47）。一方面年輕時軍方規定是兵不能結婚，另一方面，受政府政策影響，滿腦子想要反攻大陸，根本無結婚的打算。等到想要結婚的時候，婚配對象已不容易找尋了。

1952 年 9 月，《戡亂時期陸海空軍軍人婚姻條例》公布實施，只允許超過二十八歲的軍官以及技術士官結婚，在「婚姻條例」限制下，普通士官和士兵無論在任何情況、年紀無論多大，都不准結婚的，一般的士官和士兵對結婚是望塵莫及的。對於禁止士官兵結婚的理由，軍隊有以下的解釋：

1. 為維持戰鬥力不得不管制軍人婚姻。

3　這裏的中國流亡者就用趙彥寧的看法，詳見趙彥寧（2002），〈家國語言的公開祕密：試論下階層中國流亡者自我敘事的物質性〉，《台灣社會研究季刊》，46：45-85。趙彥寧（2001），〈戴著草帽到處旅行——試論中國流亡、女性主體、與記憶間的建構關係〉，《帶著草帽到處去旅行——性／別、權力、國家》，台北：巨流。

2. 為保障軍人生活不得不管制軍人婚姻。

3. 為適應戡亂期間特殊情形不得不管制軍人婚姻。

　　禁婚理由透顯出國府軍隊高層對士官兵婚姻的態：一、眷屬讓士官兵分心，無法專一意志在作戰任務上。二、士官兵結婚有了眷屬，士官兵薪水微薄，國家更無力照顧其眷屬，倘若對其結婚不予限制，將加重士官兵的經濟負擔，對軍隊戰鬥力的負面影響更大。三、女性之於軍隊，除了眷屬這樣「累贅」的角色之外，另一可能性就是「匪諜」（范郁文，2006：5）[4]。

　　大兵作家張拓蕪就曾如此回憶：

　　　　二十多年前，還是個小夥子，兵齡雖已不小，卻仍然在做夢；阿叔認為我該結婚了，便四處為我主動物色對象，那光景，我是個中士駕駛士，那幾文微薄薪餉，只夠花一個星期的，哪能養家活口？而且上即有規定，軍人結婚至少二十八歲，我還差一截；這是我的致命傷。阿叔說，生活不用擔憂，他可以負一半的責任，唯有到二十八歲才能結婚的規定，他沒法度（代馬輸卒手記，頁217）。

　　事實上，《戡亂時期陸海空軍軍人婚姻條例》的年齡限制對軍官也具有約束力，在朱西甯的《八二三注》中玩世不恭的民事官邵家聖上尉，在女青年工作大隊的女隊員替他過二十六歲生日時，也想到二十八歲的及結婚年齡限制：「二十六歲，正當年呢。要結婚的話，按規定還有兩年。……[5]」

4　當然也有反對禁婚令的國府高層，如陳誠 1951 年 6 月 6 日在談話中，針對《陸海空軍軍人婚姻條例草案》第三條「普通士兵一律不准結婚」，提出其看法：「本案重點，一在減輕財政負擔，一在防範奸宄，非常重要。其他小節問題不大，僅士兵不准結婚一節應考慮。當兵當到老，不准結婚，不妥當。」見薛月順編輯（2005），《陳誠先生回憶錄・建設台灣（下）》（台北：國史館），頁 642-643。

5　朱西甯（2003），《八二三注》（台北：印刻），頁 495。

直到 1959 年第二次修訂《戡亂時期陸海空軍軍人婚姻條例》時，才放寬規定，下述人者均可結婚：一、陸海空軍軍官士官及士兵現役在營者。二、陸海空軍所屬具有軍籍之文職人員及聘僱人員。三、陸海空軍所屬在校之學員生。且男須滿二十五歲，女需滿二十歲，亦即所有年滿二十五歲的男性士官兵均可結婚。可是此時距這些老兵來台已經十多年，當年二十啷噹的小夥子，此時均已三十多歲近四十歲，向中年邁進，已過了最佳婚配時間。據林勝偉的研究（參見圖1），1970 年前後台灣外省軍事人口的年齡大多集中在三十五至五十五歲，也就是說，除非士官兵提前退除役，大部分軍事人口結婚、組織家庭的年齡，最早也在三十五歲以後。考察外省人口的婚姻狀況，每每多老夫少妻因為此一規定的直接影響。以夏黎明在池上的三個田野對象為例，一個太太婚前即生病，二位娶再婚的女子為妻，均非完全正常的婚姻（夏黎明，2002）。

　　此外，從歷年軍人婚姻條例的內容來看，軍官始終未被列為婚姻管制的對象，而士官兵方面的放寬，大致是以階級與年資為標準，逐步解禁。因此戰後數十年間，絕大多數士官兵始終限於法令，維持單身的身分。此一限制，不僅影響到此一群體生命歷程的時序，更重要的是，以低階士官兵為主的「單身軍人」與那些由軍官和少數是關構成的「有眷軍人」在當時的人口館立系統中乃是屬於截然不同的身分屬性。兩者不但戶籍歸屬各異，其行動、社會生活的空間也迥然有別；相形日遠，終致形成兩種不同的人口群體（林勝偉，2003：221）。

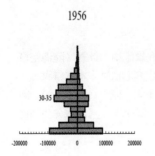

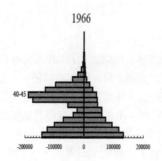

圖1　1950-1960 年代外省人口金字塔圖
資料來源：林勝偉（2004），〈「戶籍」與「兵籍」：戰後台灣人口統計二元化之成因及其影響〉，《2004 年台灣人口學年會論文》，台北：台灣人口學會，頁6。

且當時多數的外省人仍存有懷鄉之夢，「那時候還想準備反攻大陸去啦，哪裡有想結婚的事情」、「那時候一年準備、二年反攻、三年掃蕩、五年成功，天天在腦筋中反攻大陸去呀，那時候根本沒有想到在台灣住那麼久的時間呀，誰也沒有想到會在這裡結婚。」

　　我說以前為什麼不結婚呢？這個沒有錢是第一個（吳明季，2000：50）。老兵的經濟弱勢與退撫制度有關，據胡台麗指出：1961 年以前，大多因老弱殘疾而退役的士官兵，均以階級俸餉為準，發給三個月的薪俸及主副食代金約四、五百元，除此之外僅有「蚊帳一頂、蓆子一條、衣服二件」（胡台麗，1989：165）。即使 1961 年士官兵退役制度建立後，以低階士官兵而言，其中許多士官兵多在抗戰時間入伍，或國共內戰時被抓丁，不易達到領取終身俸、給養金的標準。據退輔會 1987 年的統計顯示，大陸來台均人總數約五十八萬餘人，五十七萬業已退役，九千餘人尚在役。已退伍的五十七萬中尚有四十九萬人存活。上列五十七萬人中，退伍軍階為較低階士官兵的有三十五萬餘人，占總數 56%；其中退役於 1961 年 6 月 30 日以前者，即在《陸海空軍軍官及士官服役條例》頒布前退伍的有十二萬餘人，低階士官兵占 67%（約八萬餘人）。1961 年後退伍的二十七萬四千餘低階士官兵中，則有十二萬四千餘人享有新版服役條例規定的「終身俸」（約八成薪）待遇（胡台麗，1990：111）。然而同樣是低階士官兵，被裁汰提前退伍自謀生活的士官兵，因為提前與社會接觸，與台籍女子接觸甚至婚配的機會較志願留營的同袍似乎更大了些（劉映蘭，2012）。

　　事實上，除了低階士官兵以外，即使是軍官，行伍出身的軍官，在1961 年陸海空軍軍官服役條例制訂之前，即有許多以假退役或受訓、教育等等門檻將這些識字無多，僅會打仗，而無法符合美援規定，從事現代參謀作業的行伍軍官加以裁汰（傅竹雲，2012）。而使他們也成為進入社會底層的邊緣人物。軍校畢業的軍官、來台後就讀軍校的青年軍官及行伍軍

官發展及處境各不相同。婚配方式也各有不同（見下表）：

出身方式	軍校	行伍	流亡學生（來台讀軍校）	士官兵
成家時期	大陸	軍官：大陸 士兵：眷屬多無法來台	台灣	未婚居多
配偶省籍	大陸	大陸已婚：外省 大陸未婚：本省	台灣	--
眷舍	有眷舍	無	有眷村	無
家的移動	集居固定	散居移動	籍居固定	住軍營內

資料來源：據傅竹雲資料改製

　　據龔宜君的研究，1952 年時的《陸海空軍軍官在台期間假退役假除役實施辦法》，以及國防部配合部隊整編，在全面改制下有六萬零六十名軍官自軍中退役；另有一萬兩千多名士兵離開部隊，除約萬人參與農墾工作及公營單位工役，三千餘人進入榮家，餘多屬自謀生活（龔宜君，1998：89）。由此可知，所謂的老芋仔也是有很大的區別的。

參、影像中的老兵印象與自傳中的軍人形象

　　1949 年國民政府撤退來台，帶來了百餘萬流離的異鄉人，近年來他（她）們的故事也成為影像紀錄片的焦點。最早關於外省老兵的紀錄片是 1965 年，陳耀圻導演所拍攝的《劉必稼》，這部影片是台灣紀錄片史上第一部具觀察性紀錄片內涵的真實電影。片中的主角劉必稼是一個在 1940 年代在大陸農村被抓丁而隨國民政府來台的軍人，他在退伍前到台灣東部河川地，辛勤地挑石頭開闢田地。《劉必稼》紀錄片當年發表時，在台灣

藝文界引起很大的震撼[6]。

　　筆者曾以台灣紀錄片中的老兵影像為主題，討論二代外省人的離散與家鄉認同[7]。前文的討論以紀錄片為主，事實上也有許多劇情片探討老兵或以眷村為背景。如號稱台灣電影新浪潮代表作的《小畢的故事》（1983），就以外省老兵與本省婦女婚姻為背景[8]。如虞戡平《搭錯車》（1983）探討拾荒的老兵與所撿棄嬰的故事[9]；李祐寧《老莫的第二個春天》（1984）探討老兵與弱勢族群──原住民婦女的買賣婚姻[10]。本片描寫來台老兵用畢生的積蓄購買山地姑娘為妻，所交織沒有愛卻有情深款款的倫理故事。以今天的觀點來看，《老莫的第二個春天》欠缺深入的批判力道，對於外省族群底層與原住民兩種弱勢階級的描繪，過於浮光掠影（特別是原住民部分，有些角色更是淪為刻板印象）。但仍不失刻劃當時的社會現狀。虞戡平《海峽兩岸》（1988）紀錄返鄉探親，王童《香蕉天堂》（1989）隱約提到軍中老兵的白色恐怖和離散鄉愁，及片中老兵德勝想要成家追求農家女阿珍的故事。片中門栓的境遇真可說是「父不父、妻不妻、子不子」了，片尾，門閂在電話中對著孩子祖父說：爹，孩兒不孝！電話筒也傳來老人家的哭泣聲。頃刻間，四十年來的苦難、迷惘、悲哀上門閂心頭，他的身分是假的，感情是真的，《香蕉天堂》故事情節的戲劇性與荒謬性，最真實的反映了一大群國共鬥爭下，離鄉背井的老兵在台身分的迷惘。他們在歷史的

6　《劉必稼》影片攝製完成的數十年後，胡台麗因從事榮民研究，在花蓮木瓜溪畔的一個農莊中驚喜地發現了劉必稼的身影，於是開始以攝影機紀錄這個由外省老兵，與他們來自台灣不同族群的妻子及兒女所組成的新移民聚落，完成一部《劉必稼》影片的續集──《石頭夢》（2005）。

7　宋惠中（2013），〈原鄉或者他鄉：由「山有多高」觀察二代外省人的離散與家鄉認同〉，國家教育研究院編，《族裔・他者・漂流・變遷：從影像文本再現移民社會》，台北：巨流。

8　陳坤厚，《小畢的故事》，中央電影公司，1983。

9　虞戡平，《搭錯車》，新藝城，1983。

10　李祐寧，《老莫的第二個春天》，高仕影業，1984。

長流中雖無足輕重，卻也尊嚴地展現了人性的光輝[11]。李祐寧《麵引子》記述兩岸開放後，在台成家的老兵與其兩岸家族的故事[12]。但因這些影片各有脈絡，本文的主要文本李志薔《十七號出入口》（2011）以南機場國宅及台北捷運為背景，討論老兵趙學平的離散、鄉愁與情慾[13]。

本文探討的《十七號出入口》及許多文字文本，都透過1949年的離散經驗，強化時代歷史背景，並突顯主角的創傷記憶。導演非意在於陳述史實，而是透過亂世情愛的小敘事和影像的再現，為大時代留下見證，未親身體驗1949年離鄉失國經歷的導演，於此寄託了對此一族群際遇的同情和理解。觀眾經由這些創傷敘事的電影，感受主角遭遇的傷痛經歷，轉化為視覺審美活動，為苦難時代帶來昇華的意境。

影片中的趙學平與老傅是背景離家的時代棄子，如哈金所說的《戰廢品》一般[14]，他們的創傷固著於戰亂造就的離散經驗，不知如何擺脫和解放，凱西・卡茹絲（Cathy Caruth）在探討歷史與個人創傷時指出：「如果創傷必須被視為病態的症狀，那麼，與其說這個病症來自個體的潛意識記憶，不如 是歷史的病症。受創者內心潛藏一個無法面對、無法言說的歷史，或者說，我們自身成為一個無法把握的歷史的症狀」，創傷病症不僅僅是個體的，而且是歷史的見證，這些主角們成為中國現代史的縮影。

十七歲，對很多台灣的孩子來說，可能是生活在網路電腦、在開心農場種田、在戰爭電玩裡打仗殺人的虛擬世界裡。然而，對於六十年前，面臨國共內戰的許多大陸少年來說，他們卻很可能是生活在貧苦的農村、真正的砲火摧殘與生離死別的世界裡。《十七號出入口》想要講的，便是這

---

11 王童，《香蕉天堂》，中央電影公司，1989。

12 李祐寧，《麵引子》，美亞娛樂，2011。

13 李志薔，《十七號出入口》，公共電視，2011。

14 哈金（2005），《戰廢品》，季思聰譯，台北：時報文化。

樣一群在 1949 年來到台灣的大陸少年兵的故事。當年才十七、十八歲的他們，現在大多已滿頭白髮甚至凋零了。事隔六十年，當許多政治扭曲的迷霧漸漸散去後，現在正是一個很好的時間點來回顧當年的這段歷史。

影片中另一條重要支線，是台灣十七歲高中生阿宏的日常生活。編劇希望藉由阿宏與趙學平的對照，來呈現一個「世代反差」的對比。張睿家不但演活了阿宏的生命樣貌，還一人分飾兩角，同時飾演了六十年前的山東少年阿丁，也是趙學平年輕時在大陸的戀人。這兩個角色的個性、愛情與生活全然不同。《十七號出入口》可以算得上是影像版的《大江大海1949》，它描述老榮民趙學平一天的故事，卻是所有老兵的一生。影片中除了呈現 1949 的大歷史，還有一段深藏六十年的淒美愛情故事，也使得這部意象多元的作品涵括了戰亂、歷史、同志愛情、親情友誼、世代差異和青少年次文化等諸多議題。

李志薔說：「在台灣，老兵們大多為榮民的身分。但長期以來這個身分是官方在詮釋的，如精忠報國、鞠躬盡瘁。在 1949 年，士兵軍眷們都覺得台灣並非久待之地，他們很快就能再回到家鄉去。」李志薔很多同學們的父母，都是當年跟著政府遷來台灣的，本來帶著很多錢，相信不過二、三年就可以回家，天天住旅館，壓根沒想過要置產，等到錢快花光了，才發現已經沒有回家的可能了。當時來台灣的這批人，最年輕的現在也已經六、七十歲，這些人慢慢地被淡忘，他們的故事也正在消失。李志薔也說，劇中的老趙並不能代表這個族群的所有面向，僅是描寫某一部分有同志傾向、獨居的榮民生活，「在台灣開放前的那個年代，他們是受到特別壓抑的一群。」這種性壓抑也反映在其他文學作品中，朱天心（1992）以小說形式描述眷村中單身老兵「性騷擾」同村年輕女性的狀況，並探討此「異類」（Alternative）的「性經驗」如何形塑後者成年後（特別是婚後）在異性性愛關係中對自我身體的感知能力（趙彥寧，2004：8）。

片中主角趙學平的精神狀態介於正常與瘋狂之間。他透過搭捷運，來

找回喚醒過往的當兵往事、老友和故鄉；他藉由不斷地跟蹤阿宏，將舊時戀情投射在阿宏身上，當他是失散多年的情人。趙學平活在他的回憶與過往情感的世界裡無法自拔，明知自己向阿宏說出自己積累幾十年的情感，會被當作瘋子，但理性仍然無法克制自己的情感。結局時，李志薔表示有兩種詮釋方法，一種是趙學平醒來，發現其實全部都是一場夢；另一個就是，這是趙學平跟阿宏二十四小時內實際發生的故事。

在拍這個題材前，李志薔曾做過很多調查，包括走訪西門町的麥當勞、咖啡店。在那裡，他甚至真的碰過一些領著退休金的老榮民，他們為了打發時間便去搭捷運或公車，藉這種方式去懷想一些事物。「電影裡趙學平就是不斷地在捷運線上跑來跑去，他就是用這種方式，去回憶他年輕的時候生活過的地方。」有人說，人老了的時候，如同趙學平，他的記憶就像在捷運的通道，片名《十七號出入口》正代表著他在尋找他生命記憶的出口。

在以往的研究中我們可以發現，影像中出現的老兵，多是低下階層的老芋仔，但文字資料中的老兵印象，多由自傳或傳記資料產生，也有由文學資料產生。筆者之前的研究發現：若以戰後五十年自傳、傳記、口述歷史等資料所呈現的歷史詮釋分析，已呈現類似的結果。據王明珂的研究，戰後五十年（1945-1994）自傳、傳記、口述歷史等資料所呈現的社會記憶所表現出「誰在回憶」及「誰被回憶」的對象是有明顯的族群特質。由這些回憶者的省籍背景觀察，戰後五十年來，台籍作者的記憶相對被社會所忽略[15]。在大陸籍作者的自傳類作品中，軍公教人員明顯居於多數，大部分在低層的行伍軍人和基層士官兵，卻又相對失語，這是與影像記錄中明顯呈現矛盾的。此一現象值得再深入探討。

15　王明珂（1996），〈誰的歷史——自傳、傳記與口述歷史的社會記憶本質〉，《思與言》，34（3），161。

肆、失語的記憶：從家國論述到情感漂流

打起黃鶯兒，莫教枝上啼。

啼時驚妾夢，不得到遼西。

金昌緒〈春怨〉

四十多年來有少恩愛夫妻與海誓山盟情侶，當年因大陸動亂的拆散，而隔阻於海峽兩岸；或擇音訊杳無，又或則恨不重逢未婚嫁；他（她）們的遼西，成了永遠的遺憾與傷痛[16]。

洛夫的〈寄鞋〉一詩或可代表千千萬萬因兩岸分離思念和失婚者的流離故事。大兵作家張拓蕪與表妹沈蓮子自小訂婚，因戰亂在家鄉分手後，天涯海角，不相聞問已逾四十年；近透過海外友人，突接獲表妹寄來親手縫製的布鞋一雙。拓蕪捧著這雙鞋，如捧一封無字而千言萬語盡在其中的家書，不禁涕淚縱橫，欷歔不已。現拓蕪與表妹均已老去，但情之為物，卻是生生世世難以熄滅（洛夫，1987）。

寄　鞋

間關千里

寄給你一雙布鞋

一封

無字的信

積了四十多年的話

想說無從說

只好一句句

---

16 楊子，〈啼時驚妾夢〉，《聯合報》副刊 1987 年 4 月 30 日。

密密縫在鞋底

這些話我偷偷藏了很久
有幾句藏在井邊
有幾句藏在廚房
有幾句藏在枕頭下
有幾句藏在午夜明滅不定的燈火裡
有的風乾了
有的生霉了
有的掉了牙齒
有的長出了青苔
現在一一收集起來
密密縫在鞋底
鞋子也許嫌小一些
我是以心裁量，以童年
以五更的夢裁量
合不合腳是另一回事
請千萬別棄之
若敝屣
四十多年的思念
四十多年的孤寂
全都縫在鞋底

張拓蕪則以〈讀鞋〉一文回應：

　　晨起讀報，迎眼便是洛夫兄的「寄鞋」，稍早，洛夫詩成付
郵前曾在電話中唸給我聽，不待放下話筒便已老淚縱橫，今天再
詳讀全詩及後記，則更禁不住泣涕滂沱起來，一以悲慟，一以感
恩，心中波濤起伏不能自己！

讀詩竟讀成這個樣子，記憶中從未有過；大概這首詩與我有切膚之痛，大概洛夫下筆之時也是鼻子酸酸的，因他是我的好友，因他是位至性的有情人。

　　這雙鞋我穿不下；我並未量腳給她。正如詩中所說：「鞋子也許嫌小一些／我是以心裁量／以童年／以五更的夢裁量」的，我別她時雙方均是十二歲的少年，雖然近半個世紀的漫漫歲月，但她記得的仍就是分別時才十二歲的表兄（那是民國二十九年的春天）。……聽說她到了三十歲才被我父親強迫出嫁……蓮子早就知道我已殘廢，離了婚，目前與唯一的兒子相依為命，便一再表示要來我這裏，照顧我父子。我想她沒這責任，而且分別處於共產極權和自由寶島兩個截然不同的世界，她如何能來？又怎樣來的了！

　　她不但是個大字不識半個的「睜眼瞎子」，並且是個十足的沒見過世面的鄉下老嫗，別說出「國」，離家才二十五華里的縣城有沒有到過都成問題！她不會說國語，廣東話、閩南語更是聞所未聞，不會看路標路牌，不會游水（如果從深圳偷渡的話）她怎麼出得來，又怎能入得了境！……我和蓮子表妹都已是花甲之人，還能活幾天？見面的機會，此生怕是沒有了。唉！我比蓮子幸運，至少我還能捧著一雙布鞋仔細研讀，她呢，她有什麼！（張拓蕪，1988：13-18）

這是張拓蕪與蓮子表妹分離四十年的離散與思念，即使如張拓蕪這樣的老兵作家，他在台灣的婚姻也是四十三歲時，以一萬五千元的聘金，以近乎買賣婚的方式在友朋的支助下完成。沒談戀愛，結了婚慢慢談（張拓蕪，1980：37-44）。

　　外省老兵或中國流亡者的離散與與鄉愁，是近年討論離散經驗的重要議題之一，筆者前有論文討論，但著眼於鄉愁與親情。關於離散與情慾未

多觸及（宋惠中，2013）。「離散」（Diaspora）一詞或譯為「流離」、「族裔散居」、「族裔離散」，本指西元前六世紀，猶太人遭到驅逐、被迫離開家園，放逐到巴比倫和其他各地的狀態，成為猶太文化與政治敘事的主軸之一。因而離散的古典形式乃關係到受迫性遷移、放逐和一種繼起的失落感，這種感覺來自對歸返的無能為力。後來被應用到非洲人經由奴隸制度而移往美洲各地的大規模移動，透過非洲研究學者在 1960 年代的使用，「離散」一詞進入學術場域。對離散傳統模式的評論關注焦點在於把移動、遷徙與創傷結合，包含一股恆常的失落，以及對一個可得的家鄉之企盼。其重要特性是「歸返」的障礙，至少也存有一種困難。即便在歸返障礙被解除，其歸返行動也是不尋常的。近來對此詞的使用更廣，柯恩（Robin Cohen）根據撒弗蘭（William Safran）發展的框架，提供幾個條件：1. 散播與分散；2. 集體創傷；3. 文化繁衍；4. 與多數族群的關係不睦；5. 跨越國家界域的社群感；6. 促成歸返的運動。然而並非所有離散族群都符合此些條件，因而離散族群的分類、條件與邊界依然是學界廣泛討論的課題[17]。而過去離散課題的研究多以種族、國族為出發點，近來有些學者開始關注離散與性別、性傾向間的關係[18]。

---

[17] 關於散經驗的源頭始於西元前世紀，猶太人遭到驅逐，從耶撒被放逐到巴比等地，相關研究考卡爾（V. S. Kalra）、柯爾（R. Kaur）、哈特尼克（John Hutnyk）等著，陳以新譯（2008），《離散與混雜》（台北：國立編譯館、韋伯文化）。林鎮山融合東西方對「離散」一詞的意義，予以新的詮釋，以此解釋華人社會中「離散」的概念，其定義如下：1. 離散（Diaspora）明指：人類個體／群體的背井離鄉、流離星散，或又記述人心的向背、乖違；2. 離散人士必對原鄉存有鮮明感的記憶，或與原鄉保持繫；3. 於離散的「飄零人」而言，永難割捨的故土家園永遠是有如母子連臍，而原鄉故園則是閃現永恆的記憶；4. 飄零的離散人士擁抱著一個以上的歷史、一個以上的時空、以及一個以上的過去與現在，還歸屬於此間與他地，又背負著遠原鄉與社會的痛苦，成為異地的圈外人，而淹沒在無法克服的記憶裡，苦嚐失去與離別。林鎮山（2006），《離散‧家國‧敘述：當代台灣小說論述》（台北：前衛），113-114。

[18] Martin F. Manalansan IV. (2006), "Queer Interesections: Sexuality and Gender in Migration Studies." *International Migration Review*, 40.1, pp.224-249.

一般老兵論述，多討論思鄉之情，少論夫妻、情侶之間的情感。據吳明季的研究已婚的老兵除父母之情，也尚有夫妻、情侶魂縈夢牽思念。「有什麼辦法，想也沒有辦法回去呀！想呀！自己想呀！天天想呀！（你作夢會不會夢到）（激動）會呦，哪裡不會！（你都夢到什麼）作夢差不多到民國七、八十年，實在做夢都有啦！夢到我媽媽啦！嗯，有啦！因為我常作夢，夢到那個碼頭，看到我的老婆呀！」（吳明季，2000：65）這些流離老兵的情感和兩岸和解後的「香港親戚」問題[19]，也是尚待進一步深入討論的。

伍、（代）結語

　　「什麼叫前途？什麼叫青春？什麼叫事業？什麼叫美滿？什麼叫家庭？」這是中國流亡者第一代老兵袁恒祥在日記中的吶喊[20]。這一群被制度隔絕於社會的底層軍人，他們的愛情、婚姻、生命故事隨著時間的流逝，逐漸消逝。近年來，台灣的大陸老兵或榮民的研究，成為歷史學、社會學和人類學界所逐漸重視的議題。以往的研究多集中在眷村社群、眷村文學的部分，其實外省人或中國流亡者具有相當的多重性，不是可以用單一經驗所能概括的，本文希望能從影像文本及文字資料的相互比較，並綜合近年來的田野調查資料，重新審視外省、老兵、老芋仔、中國流亡者等視角所呈現的不同階層、不同性別、不同性向的各種可能性。相關的研究還需努力，但這些第一代外省老兵多已逐漸凋零，田野搶救已是刻不容緩的工作。

19　取自蕭颯〈香港親戚〉，收入王德威編《最後的黃埔》。指的是兩岸開放之初，具有兩岸雙重婚姻的大陸親戚。

20　袁子賢（2013），〈愛情、性、婚姻：戰後初期國軍的情慾流動〉，《田野與文獻》，70：8。

參考文獻

一、中文文獻

山口守（2009），〈白先勇小說中的現代主義──《台北人》的記憶與鄉愁〉，《台灣文學學報》14，頁 1-18。

山口守（2008），〈白先勇先生訪談錄〉，收於《Eureka》32：11，東京：青土社。

白先勇（1983），《台北人》，台北：爾雅。

朱天心（1992），《想我眷村的兄弟們》，台北：麥田。

朱西甯（2003），《八二三注》，台北：印刻。

吳明季（2000），〈失落的話語──花蓮外省老兵的流亡處境及其論述〉，國立東華大學族群關係與文化研究所碩士論文。

宋惠中（2013），〈原鄉或者他鄉：由「山有多高」觀察二代外省人的離散與家鄉認同〉，國家教育研究院編：《族裔・他者・漂流・變遷：從影像文本再現移民社會》，台北：巨流，頁 135-154。

李志薔（2005），〈第十五號出入口〉，收於李志薔《台北客》，台北：寶瓶文化，頁 79-94。

林勝偉（2004），〈「戶籍」與「兵籍」：戰後台灣人口統計二元化之成因及其影響〉，《2004 年台灣人口學年會論文》，台北：台灣人口學會。

林勝偉（2004），〈從「戰士」到「榮民」──國家的制度建構與人口累屬的形塑〉，《台灣社會研究季刊》52（2003），頁 187-254。

林鎮山（2006），《離散・家國・敘述：當代台灣小述》，台北：前衛。

哈金著，季思聰譯（2005），《戰廢品》，台北：時報文化。

胡台麗（1990），〈芋仔和番薯：台灣「榮民」的族群關係與認同〉，《中央研究院民族學研究所集刊》69，頁 107-132。

胡台麗（1989），〈從沙場到街頭──老兵自救運動概述〉，收於徐正光等編《台灣新興社會運動》，台北：巨流。

范郁文（2006），〈婚姻與軍隊戰鬥士氣：國家管制下大籍士官兵的男子性（1950-1970）〉，《台灣社會學會年會論文》。

夏黎明（2002），〈國家支配、個人遭逢與池上平原三個外省榮民的地方認同〉，《東台灣研究》7，頁 45-66。

柴雅珍（1997），〈戰後台灣「外省人」的塑造與變遷（一九四五～一九八七）〉，東海大學歷史學研究所碩士論文。

袁子賢（2013），〈愛情、性、婚姻：戰後初期國軍的情慾流動〉，《田野與文獻》70，頁6-9。

張拓蕪（1990），〈最平凡的傳奇〉，收於張曉風編，《蜜蜜》，台北：爾雅。

張拓蕪（1975），《代馬輸卒手記》，台北：爾雅。

張拓蕪（1985），《坐對一山愁》，台北：九歌。

張拓蕪（1988），《桃花源》，台北：九歌。

莊宜文（2013），〈白先勇小說改編電影中的1949年和離散經驗——以《最後的貴族》、《花橋榮記》和《青春蝴蝶孤花》為例〉，《中央大學人文學報》54，頁61-94。

Virinder S. Karla, Raminder Kaur, John Hutnyk著，陳以新譯（2008），《離散與混雜》，台北：國編譯館、韋伯文化。

陳芬（2009），〈從馬肉米粉到蘇飛蛋奶酥——白先勇的饑餓敘事〉，收於陳芳明、范銘如主編，《跨世紀的流離——白先勇的文學與藝術國際學術研討會文集》，台北：印刻。

傅竹雲（2012），〈追尋失落的話語：「行伍出身」軍人生活考察〉，台南：國立成功大學台灣文化研究所在職專班碩士論文。

曾秀萍（2009），〈流離愛欲與家國想像：白先勇同志小說的「異國」離散與認同轉變（1969～1981）〉，《台灣文學學報》14，頁171-204。

曾若涵（2012），〈將軍之死——白先勇〈國葬〉中的國族符碼〉，《台北大學中文學報》12，頁135-154。

黃克全（2006），《兩百個玩笑：給那些遭時代與命運嘲弄的老兵》，台北：爾雅。

楊子（1987），〈啼時驚妾夢〉，《聯合報》副刊，1987年4月30日。

葉石濤（1999），《台灣文學史綱》，高雄：春暉。

趙彥寧（2004），〈公民身分、現代國家與親密生活：以老單身榮民與「大陸新娘」的婚姻為研究案例〉，《台灣社會學》8，頁1-41。

劉映蘭（2012），〈番薯園裡的老芋仔：一個外省人的「家」之敘說研究〉，嘉義：南華大學生死學研究所碩士論文。

歐陽子（1983），〈白先勇的小說世界〉，收入白先勇，《台北人》，台北：爾雅。

龔宜君（1998），《外來政群與本土社會——改造後國民黨政權社會基礎的形成1950-1969》，台北：稻香。

二、外文文獻

Cathy Caruth, (ed.), *Trauma: Explorations in Memory*. (Baltimore and London: The JohnsHopkins University Press, 1995).

Martin F. Manalansan IV, "Queer Interesections: Sexuality and Gender in Migration Studies", *International Migration Review*, 40.1 (2006), pp.224-249。